LE PAYS
DES
AMOURS

PAR

MAXIMILIEN PERRIN

auteur de

Mademoiselle de la Rigolboche, les Coureurs d'Amourettes, un Ami de ma Femme, les Folies de Jeunesse, la Fille du Gondolier, l'Amour à la Campagne, la Belle de Nuit, la Famille du Mauvais Sujet, le Trouble ménage, le Débardeur, Cœur de Lièvre, François les Bas bleus, l'Autel et le Théâtre.

(Entièrement Inédit.)

I

PARIS

L. DE POTTER, LIBRAIRE-ÉDITEUR

RUE FONTAINE MOLIÈRE, 27.

LE

PAYS DES AMOURS

NOUVEAUTÉS EN LECTURE
DANS TOUS LES CABINETS LITTÉRAIRES.

Les trois Fiancées, par Emmanuel GONZALÈS. 3 vol. in-8.
Les Marionnettes du Diable, par X. DE MONTÉPIN, 6 vol. in-8.
Le Diamant du Commandeur, par PONSON DU TERRAIL. 4 vol.
Le Douanier de mer, par ÉLIE BERTHET, 5 vol. in-8.
Mlle de la Rigolboche, par Maximilien PERRIN. 4 vol. in-8.
Morte et Vivante, par Henry de KOCK. 3 vol. in-8.
Daniel le laboureur, par Clémence ROBERT. 4 vol. in-8.
Les grands danseurs du roi, par Ch. RABOU. 3 vol. in-8.
Le Pays des Amours, par Maximilien PERRIN. 3 vol. in-8.
La jeunesse du roi Henri, par PONSON DU TERRAIL. 6 vol in-8.
L'Amour au bivouac, par A. DE GONDRECOURT. 5 vol. in-8.
Les Princes de Maquenoise, par H. de SAINT-GEORGES, 6 v. in-8.
Le Cordonnier de la rue de la Lune, par Théod. ANNE. 4 v. in-8.
La Belle aux yeux d'or, par la comtesse DASH, 3 vol. in-8.
La Revanche de Baccarat, par PONSON DU TERRAIL, 6 vol. in-8.
Le Roi des gueux, par Paul FÉVAL, 6 vol. in-8.
Une Femme à trois visages, par Ch. Paul de KOCK, 6 vol. in-8.
Une Existence Parisienne, par Mme de BAWR, 3 vol. in-8.
Les Yeux de ma tante, par Eugène SCRIBE. 6 vol. in-8.
Les Exploits de Rocambole, par PONSON DU TERRAIL. 8 vol. in-8.
Le Bonhomme Nock, par A. de GONDRECOURT. 6 vol. in-8.
Le Vagabond, par E. ENAULT et L. JUDICIS. 4 vol. in-8.
Les Ruines de Paris, par Charles MONSELET. 4 vol. in-8.
Les Viveurs de Province, par Xavier de MONTÉPIN. 6 vol. in-8
Les Coureurs d'Amourettes, par Maximilien PERRIN. 3 vol. in-8.
La dame au gant noir, par PONSON DU TERRAIL. 8 vol. in-8.
Les Émigrants, par Elie BERTHET. 5 vol. in-8.
Les Cheveux de la reine, par madame la comtesse DASH 3 vol. in-8.
La Rose Blanche, par Auguste MAQUET, 3 vol. in-8.
La Maison Rose, par Xavier DE MONTÉPIN. 3 vol. in-8.
Le club des Valets de Cœur, par PONSON DU TERRAIL, 8 vol. in-8.
Monsieur Cherami, par Ch. PAUL DE KOCK, 5 vol. in-8.
L'Envers et l'Endroit, par Auguste MAQUET. 4 vol. in-8.
Le Prix du sang, par A. DE GONDRECOURT. 5 vol. in-8.
Nena-Sahib, par Clémence ROBERT. 3 vol. in-8.
La Reine de Paris, par Théodore ANNE. 3 vol. in-8.
Un ami de ma tante, par Maximilien PERRIN. 3 vol. in-8.
La Maison mystérieuse, par mad. la comtesse DASH. 4 vol. in-8.
Le Bossu, aventures de cape et d'épée, par Paul FÉVAL. 5 vol. in-8.
La Bête du Gévaudan, par Élie BERTHET. 5 vol. in-8.
Les Spadassins de l'Opéra, par PONSON DU TERRAIL. 8 vol. in-8.
Le Filleul d'Amadis, par Eugène SCRIBE. 3 vol. in-8.
Les Folies d'un grand Seigneur, par Ch. MONSELET. 4 v. in-8.
La Vieille Fille, par A. DE GONDRECOURT. 4 vol. in-8.
Le Masque d'Acier, par Théodore ANNE. 4 vol. in-8.
Le Juif de Gand, par Constant GUÉROULT, auteur de *Roquevert l'Arquebusier*. 4 vol. in-8.
La Princesse Russe, par Emmanuel GONZALÈS. 2 vol. in-8.
La Fille Sanglante, par Charles RABOU. 4 vol. in-8.
La Belle Provençale, par le vicomte PONSON DU TERRAIL. 6 v. in-8.
Le Tigre de Tanger, par Paul DUPLESSIS, et A. Longin. 5 v. in-8.
Le Médecin des Voleurs, par Henry de KOCK. 4 vol. in-8.

Pour la suite des Nouveautés, demander le Catalogue général qui se distribue gratis.

Paris. — Imprimerie de P.-E. BOURDIER et Cie, rue Mazarine, 30.

LE PAYS
DES
AMOURS

PAR

MAXIMILIEN PERRIN

auteur de

Mademoiselle de la Rigolboche, les Coureurs d'Amourettes, un Ami de ma Femme, les Folies de Jeunesse, la Fille du Gondolier, l'Amour à la Campagne, la Belle de Nuit, la Famille du Mauvais Sujet, le Trouble ménage, le Débardeur, Cœur de Lièvre, François les Bas bleus, l'Autel et le Théâtre.

(Entièrement inédit.)

I

PARIS
L. DE POTTER, LIBRAIRE-ÉDITEUR
RUE FONTAINE MOLIÈRE, 27.

Droits de traduction et de reproduction réservés.

1860

LES
MARIONNETTES DU DIABLE
PAR
XAVIER DE MONTÉPIN.

Annoncer un nouveau roman de l'auteur des *Viveurs de Paris*, des *Viveurs de Province*, et de la *Maison Rose*, c'est annoncer un nouveau succès. — L'immense popularité du jeune et brillant écrivain grandit chaque jour et son nom prend place désormais à côté de ceux de Balzac, de Soulié, de Sand et de Dumas.

Les *Marionnettes du Diable*, nous le croyons fermement, dépasseront la vogue méritée de tous les autres livres du même auteur. — Jamais en effet l'imagination puissante et dramatique qui a créé tant de types étranges et de situations émouvantes, n'a plus solidement tissu la trame rigoureuse d'un roman saisissant, passionné, bizarre, où des aventures d'une incroyable originalité se succèdent et s'enchaînent de façon à tenir le lecteur haletant de curiosité et d'émotion depuis la première page jusqu'à la dernière. — L'intérêt, poussé jusqu'à ses plus extrêmes limites, ne languit pas un instant, et, par un heureux mélange, le rire se mêle aux larmes et la gaîté à la terreur.

Malgré son titre, le roman les *Marionnettes du Diable*, n'est pas fantastique. — Le prologue seul se passe dans le royaume de Satan. — Les marionnettes sont des hommes, et les ficelles à l'aide desquelles le Diable les fait mouvoir à sa guise, on le devine, ce sont les passions. — Avec une telle donnée le romancier devait faire un chef-d'œuvre. — Les lecteurs jugeront bien qu'il n'a point faibli à cette tâche.

LES ÉMIGRANTS
PAR
ELIE BERTHET.

Parmi les romanciers les plus estimés de notre époque, M. Elie Berthet a su conquérir une place à part. Ses ouvrages, pleins de naturel, de vérité, de bon sens, paraissent être plutôt des histoires que des romans. Il ne donne pas dans le travers de certains autres écrivains en vogue, qui, à force de complications, d'événements bizarres et impossibles, arrivent à produire des œuvres aussi obscures, aussi peu intelligibles que déraisonnables. Sa manière est celle du grand romancier anglais Walter Scott, auquel on l'a comparé plusieurs fois; et, comme Walter Scott, tous ses ouvrages sont frappés au coin d'une moralité rigoureuse. Sans écarter les passions violentes, les fautes, les crimes qui existent dans la société humaine, et qui sont un des éléments de l'intérêt dramatique, il ne manque jamais de les blâmer et de les flétrir. Aussi l'appelle-t-on le *romancier des familles*, et, en effet, tout le monde peut lire ses ouvrages, sans crainte de se souiller l'imagination, d'altérer son sens moral ou de s'endurcir le cœur.

Ces qualités de M. Elie Berthet sont surtout apparentes dans le beau roman les *Émigrants*, que nous publions aujourd'hui. L'histoire est si simple, si vraie, si touchante, qu'elle semble réelle, et l'on croirait que le romancier a reçu les confidences de quelques-unes de ces pauvres familles qui abandonnent leur sol natal pour aller chercher au loin une vie plus douce et plus prospère. Les causes ordinaires de l'émigration, les fatigues et les dangers auxquels s'exposent les émigrants, leurs illusions naïves, leurs mécomptes, et souvent les catastrophes auxquelles ils succombent, sont exposés avec une grande puissance et avec le plus vif intérêt. Aussi ne doutons-nous pas que le nouvel ouvrage de l'auteur des *Catacombes de Paris*, des *Chauffeurs*, du *Garde-Chasse* et de tant d'autres romans qui ont mérité la faveur du public, n'obtienne en librairie un immense succès.

CHAPITRE PREMIER.

1

Par une chaude journée d'été de l'année 1754, Sa Majesté le roi Louis XV chassait dans la forêt de Rambouillet ; la onzième heure du matin venait de sonner aux horloges des châteaux environnants, lorsque le temps qui, jusqu'alors avait été d'une pureté parfaite, se couvrit subitement de gros nuages, que l'éclair sillonna la nue et que les bondissements du tonnerre ébranlèrent la forêt dont un vent impétueux tordait les arbres dont il rompait la cîme.

— Sire, Votre Majesté, afin d'éviter le déluge qui va fondre sur elle, ne désire-t-elle pas qu'on interrompe la chasse, pour se réfugier sous un abrit quelconque? s'informa un jeune seigneur de la suite, après s'être approché du roi.

— Je ne demande certes pas mieux, mon cher Maurice, d'autant plus que sortant de maladie tout bain froid m'est interdit de par ordre de mon médecin; mais étant en pleine forêt, je doute fort que nous y trouvions autre abri que le feuillage des arbres Or, résignons-nous, messieurs, et acceptons sans murmurer le bain qu'il plaît à Dieu de nous envoyer, répondit le roi en riant.

— Sire, permettez-moi de m'écarter, afin de m'assurer si dans les environs je n'apercevrais pas quelques maisons de garde ou de bûcheron, reprit le jeune seigneur.

— C'est inutile, de Vardes, l'orage n'attend même pas le bon plaisir des rois, car voilà le déluge qui commence, dit Louis XV, que de grosses gouttes d'eau commençaient à asperger, lorsqu'une voix jeune et fraîche se fit entendre.

— Va donc, Bichette, tu brouteras plus tard, gourmande; ne sens-tu pas la pluie qui commence à tomber... Marche donc, la brunette, ton bicau tètera plus tard.

Celle qui parlait ainsi à ses chèvres était une jeune et très-jolie paysanne de seize à dix-sept ans, à la chevelure blonde et bouclée, aux traits charmants et délicats, laquelle en débouchant d'un petit sentier tout en poussant ses chèvres devant elle, s'arrêta court et rougit jusqu'au blanc des yeux en se trouvant au milieu d'une foule de beaux cavaliers, tous à ce moment abrités sous les arbres.

— Holà, petite, viens ici, cria un jeune seigneur au visage beau et souriant.

— Que me voulez-vous, monseigneur? dit la jeune fille, dont le sourire gracieux qui contractait ses lèvres laissait voir deux rangées de perles fines et blanches.

— Connais-tu près d'ici quelque chaumière ou cabane sous laquelle nous puissions nous abriter?

— Oui, monseigneur, là-bas, derrière les châtaigniers, il y a la hutte des charbonniers où vous tiendrez tous à l'aise... Voulez-vous que je vous y conduise?

— Soit! mais va vite, car voilà la nuée qui va crever, dit le roi.

— Alors, venez, répondit la gentille chevrière en prenant les devants, suivie du roi et des six seigneurs qui l'accompagnaient à ce moment.

Ce fut sous un vaste et rustique hangar fait de branchages et de terre que la jeune fille conduisit les chasseurs, où à peine s'étaient-ils abrités que l'orage éclatait avec furie, qu'un déluge d'eau inondait la forêt.

— Ma foi, messieurs, nous devons rendre grâce à cette belle enfant, à laquelle nous sommes redevables de n'être pas trempés jusqu'aux os, dit Louis XV en frappant amicalement de ses deux doigts la joue fraiche et rose de la jeune fille ; puis, ajoutant : — Comment te nommes-tu, petite ?

— Madeleine Lambert, monseigneur.

—Tu habites ce canton? reprit le roi.

— Le village voisin, monseigneur; je demeure chez mon père et ma mère.

— Quel est ton père ?

—Jardinier, monseigneur, travaillant en sous-ordre au château de madame la baronne de Bracieux, dont j'ai l'honneur d'être la filleule.

— Et votre marraine vous laisse

garder les chèvres? observa un des seigneurs avec ironie.

— Dame, monseigneur, qui les garderait si ce n'est moi, à qui elles appartiennent? cela n'empêche pas ma chère marraine d'être très-bonne envers moi ; c'est elle qui m'a fait apprendre à lire, à écrire, elle qui m'a donné ma belle robe des dimanches, mieux encore, qui fait gagner notre pain, à mon père, à ma mère, en les faisant travailler toute l'année. Aussi nous l'aimons tous et prions le bon Dieu pour elle, notre chère bienfaitrice! termina Madeleine avec âme, et en levant pieusement ses beaux yeux vers le ciel.

— Quel âge as-tu, ma belle fille? s'informa le roi.

— Bientôt seize ans, monseigneur.

— Et bonne à marier, fit le jeune marquis de Vardes, le premier qui avait adressé la parole à Madeleine et n'avait cessé de la regarder avec intérêt et bonté.

— Me marier, oh non ! surtout avec Eloi.

— Qu'est-ce que cet Eloi, ton amoureux, sans doute? demanda le roi en riant.

— C'est le garçon perruquier de notre village, monseigneur, celui qui me recherche en mariage, que mes parents voudraient me donner pour épouseur, Eloi que j'estime comme un honnête garçon qu'il est; mais dont je ne veux pas pour mon mari.

— Qu'a-t-il donc fait pour mériter le refus que tu fais de sa personne ? reprit Louis XV;

— Rien, mon Dieu ! car le pauvre garçon fait tout ce qu'il peut pour me plaire ; c'est lui qui m'apporte les plus beaux bouquets, qui le premier, le dimanche, m'invite à la danse, lui qui m'aide à retrouver mes chèvres dans la forêt lorsqu'elles se sont égarées, eh bien ! tout cela ne me dit rien en sa faveur; pourquoi? je n'en sais rien, soupira Madeleine.

— Cette jeune fille est charmante et je m'y intéresse. Messieurs, en faveur du service qu'elle vient de nous rendre, laissons-lui un souvenir de notre générosité... Allons, imitez-moi, dit le roi, en sortant une bourse pleine d'or de sa poche pour la présenter à Madeleine.

— Merci, merci, messeigneurs, ce que j'ai fait ne mérite pas une aussi riche récompense. vous ne me devez rien, fit vivement Madeleine en repoussant les bourses garnies d'or que lui présentaient le roi et les seigneurs.

— Comment! de la fierté, du désintéressement!.. sachez, Madeleine qu'on ne doit jamais refuser les présents que daigne nous faire le roi, sous peine de lui déplaire, dit le jeune marquis de Vardes.

— Le roi! Est-ce que le roi est ici? Est-ce qu'il me serait permis de le voir, moi qui en ai tant envie, qui l'aime et le respecte! s'écria Madeleine, joyeuse et troublée.

— Eh bien! mon enfant, regarde: c'est moi qui suis le roi Louis XV, dit le monarque avec bonté en présentant sa main à Madeleine, qui, stupéfaite et toute tremblante, se laissa tomber à genoux aux pieds du monarque.

— Relève-toi, ma charmante fille, et obéis-moi en acceptant ce que te donne ton roi.

—Ah! monsieur le roi! vous êtes aussi

bon que vous êtes beau! et je suis bien heureuse de vous voir.... Oh! comme cela va me faire honneur dans le village et rendre mes compagnes jalouses! reprit Madeleine tout en embrassant la main du roi.

— De Vardes, je m'intéresse à cette jolie fille; recommandez-la de ma part à sa marraine la baronne de Bracieux, dont vous êtes cousin, je crois, et dites-lui que je lui saurai gré du bien et des égards qu'elle aura pour ma gentille protégée, fit le roi après avoir relevé Madeleine.

—Vous serez obéi aujourd'hui même, sire, répondit avec joie le jeune marquis.

— Maintenant, messieurs, que la pluie a cessé, remontons à cheval et rejoignons nos compagnons de chasse, qui sans doute nous croyent perdu ou noyé.... Adieu, Madeleine, au revoir, ma belle fille... je n'oublierai pas que tu es une de mes meilleures amies. Au revoir, enfant, au revoir! Ayant dit, et après avoir embrassé Madeleine au front, Louis remonta à cheval et s'éloigna au galop.

— A bientôt, jolie Madeleine, à bientôt! avait dit à son tour le marquis de Vardes en se séparant de la chevrière, demeurée immobile sous le hangard, d'où son regard suivait le roi et ses seigneurs.

Lorsqu'elle n'aperçut plus rien, Madeleine fit un bond de joie en frappant ses mains l'une contre l'autre; puis, sans s'occuper de ses chèvres, qui avaient profité de la circonstance pour s'écarter et prendre leurs ébats dans la forêt, elle prit sa course pour ne s'arrêter qu'après avoir atteint la chaumière de ses parents, où elle entra comme une folle en riant et sautillant pour sauter au cou de son père et de celui de sa mère, lesquels, lassés de l'attendre, s'étaient mis à table sans elle.

— Qu'as-tu donc, fillette, pour être si

joyeuse, et pourquoi, contre ton habitude, reviens-tu si tard de la forêt? demanda la mère Lambert.

— Je viens, mère, de voir monseigneur le roi, qui m'a dit toutes sortes de choses bien aimables et donné tout cet or, répondit Madeleine en déposant sur la table la bourse du roi et les pièces d'or que lui avaient données les seigneurs de la suite.

— Jarni! queu fortune! Tout ça pour toi, fillette? s'écria le père Lambert, ivre de joie, en ouvrant de grands yeux et en palpant les pièces d'or.

— Oui, père, tout cela pour moi, ou pour mieux dire pour vous acheter un beau morceau de terre.

— Mais, Madeleine, quoi donc que t'a fait à not' bon roi pour qu'il te donne c'te fortune ? interrogea la mère.

En réponse à cette demande, Madeleine allait entamer le récit de sa rencontre avec le roi, lorsque la porte de la chambre s'ouvrit et qu'un jeune petit homme à la figure originale, au nez retroussé, bien frisé, bien poudré et exhalant un parfum de pommade, se présenta souriant et frétillant.

— Salut, père et mère Lambert; bonjour, Madeleine... Ah! que vois-je, un trésor! Où avez-vous déterré tout cela, père Lambert? s'écria le nouveau venu après avoir aperçu l'or empilé sur la table.

— C'est le roi qui me l'a donné, voisin Éloi, répondit Madeleine.

—Le roi! vous connaissez le roi, Madeleine? s'écria Éloi tout ébahi.

— Qui plus est, il m'a embrassée et promis sa protection. Oh! nous sommes au mieux ensemble.

—Fillette, je t'en prie, raconte-nous vite ton histoire, fit le père Lambert impatient.

Sur cette invitation, et sans en omettre un seul mot ni un seul geste, Madeleine s'empressa de raconter son heureuse aventure, que ses parents ainsi qu'Éloi écoutèrent attentivement, la bouche béante, tout en manifestant autant de surprise que de joie, à l'encontre du petit perruquier dont le visage était devenu soucieux et pensif.

— Ah! le roi t'a dit : à revoir? ah! il veut qu'on te recommande à madame la baronne de Bracieux ta marraine, notre maîtresse? Décidément, Madeleine, te v'là en bon chemin, mon enfant! dit Lambert tout fier et joyeux.

— Oui, pour devenir une demoiselle,

ce dont je ne me soucie guère, fillette. Tu es paysanne, reste paysanne, mon enfant, crois-moi! Il n'est pas prudent aux gens de notre classe de vouloir s'élever au niveau des grands, sous peine d'être humilié et chàgriné par cette noblesse dont l'orgueil ne permet pas aux roturiers de s'élever jusqu'à elle; et puisque not' bon roi t'a donné une petite dot, garde-la pour l'apporter en mariage au brave et laborieux garçon qui un jour te voudra pour sa femme.

—Votre mère a raison, Madeleine; restez au village avec nous, avec moi qui vous aime et vous verrais avec chagrin devenir une grande demoiselle bien fière et bien pimpante, moi qui me suis offert pour votre épouseur, qui vous aimais avant que le roi vous donnât tout cet or, et, vous sachant riche aujourd'hui, ne vous en aime ni plus ni moins, dit Éloi d'une voix suppliante.

—Éloi, je sais que vous êtes un brave garçon qui avez grande amitié pour moi, et de qui l'intérêt ne guide en rien la pensée; mais, aujourd'hui comme hier, je vous répondrai que mon cœur ne vous a pas encore choisi pour celui qui doit être mon mari. Cependant, il ne faut pas désespérer, car cela peut m'en dire un jour, puisque je me plais déjà à vous reconnaître pour le plus honnête garçon du village et celui dont la compagnie m'est le plus agréable, dit Madeleine avec franchise. Quant à m'éloigner de vous, mes chers parents, il n'en est nullement question, soyez donc sans inquiétude: et d'ailleurs, le plus beau profit que j'aurai retiré de cette heureuse rencontre est l'honneur d'avoir été embrassée par notre bon roi, puis l'or que m'a donné son cœur généreux, mais pour ce qui est du reste, croyez bien qu'il n'en sera rien et que déjà le roi et ses seigneurs ont oublié la simple chevrière.

— Je pense ainsi que vous, Madeleine, car le roi et ses courtisants ont bien autre martel en tête que celui de se rappeler d'une jolie fille qu'ils n'ont vue qu'un instant, dit Éloi.

— Ainsi, Éloi, votre pensée est que ma petite personne n'est pas digne qu'on se souvienne d'elle ! fit Madeleine d'un ton où perçait le dépit.

— Ce n'est pas cela que je voulais dire, Madeleine, répondit Éloi avec embarras.

— Allons, ne cherchez donc pas à vous excuser ! ce qui est dit est bien dit, et je ne vous en garde pas rancune, Éloi.

— Tu as raison, fillette, car ce bon Éloi te porte trop d'intérêt pour avoir eu l'intention de te dire quelque chose de déplaisant, dit la mère Lambert.

Le repas étant terminé, nos gens se levèrent de table : Lambert, pour retourner au jardinage; la mère, pour faire son tour dans le village en l'intention d'instruire ses voisines de l'aventure heureuse arrivée à sa fille; Madeleine, pour vaquer aux soins du ménage après avoir renvoyé Éloi à ses barbes et à ses perruques.

Notre jeune fille, restée seule au logis, au lieu de fredonner ses gais refrains d'habitude, demeura silencieuse et pensive; puis, se représenta devant les yeux la personne du roi, et surtout celle du marquis de Vardes, de ce jeune seigneur si gentil, si brillant, qui n'avait cessé de la regarder, de lui sourire avec intérêt, combien alors, en le mettant en parallèle avec les garçons du village, même avec Éloi, ceux-ci lui parurent sots et disgracieux!

CHAPITRE DEUXIÈME.

II.

Deux jours s'écoulèrent sans qu'il fût rien arrivé de nouveau chez Madeleine, si ce n'est la visite de tous les habitants du village, qui tour à tour s'étaient empressés de venir en procession la complimenter sur son heureuse aventure, et l'accabler de questions au sujet des faits et gestes du roi à son égard.

Le troisième jour s'était levé, et l'horloge de l'église sonnait la douzième heure, lorsque tout le village fut mis en émoi par le bruit du roulement de plusieurs beaux carrosses qui vinrent avec fracas s'arrêter devant la chaumière du père Lambert, et de l'un desquels, à la grande surprise des habitants du village que la curiosité avait fait accourir, descendit la baronne de Bracieux, accompagnée de son fils le vicomte Gontrand de Bracieux, jeune homme de vingt-cinq ans à l'air hautain et hardi ; de l'autre voiture sortait en même temps le marquis de Vardes, lequel s'était empressé de venir offrir la main à la baronne pour s'introduire avec elle dans la modeste demeure du jardinier, suivie du vicomte et de deux dames qui, autant par curiosité que par distraction, avaient accompagné la baronne de Bracieux dans cette visite.

A cet instant, Lambert, sa femme et Madeleine, présents au logis, en apercevant la noble et belle société qui leur arrivait, s'empressèrent de venir à sa rencontre.

— Viens m'embrasser, ma gentille Madeleine, ma jolie filleule, d'abord par amitié, ensuite pour tout le bonheur que je viens t'apporter. Madeleine, je suis heureuse, mon enfant, de voir que tu commences de bonne heure à ressentir les faveurs de la fortune... Allons, regarde-moi, ne sois pas ainsi timide et embarrassée, toi la protégée du roi et de monsieur le marquis de Vardes, toi dont nous avons mission, de par ordre de Sa Majesté, de faire une jeune fille accomplie.

Puis, après avoir embrassé Madeleine à plusieurs reprises :

— Mesdames, reprit la baronne de

Bracieux, comment trouvez-vous ma filleule?

— Charmante, en dépit de son air timide; mais avec un peu d'éducation, aussi bien qu'une fille de haute naissance elle tiendra sa place dans le monde! répondit une des dames en pressant amicalement la main de Madeleine, dont toutes ces louanges, ces marques d'intérêt avaient empourpré le délicieux visage.

— Et vous, marquis de Vardes?

— Vous connaissez ma pensée, madame, à l'égard de votre belle filleule, dont les graces naturelles vous rendront facile la tâche que vous a confiée Sa Majesté ! répondit le jeune marquis.

— Quant à moi, dont personne ici ne consulte l'opinion, je me plais à proclamer Madeleine la plus jolie fille du monde, et je prédis à la chère enfant que sa beauté lui fera plus d'un ami et d'une ennemie dans le monde où doit un jour la placer la faveur du roi! fit le vicomte Gontrand de Bracieux.

— Aussi est-ce pour éviter ces désagréments à Madeleine, que j'lui conseillons de rester au village, où le bon Dieu a marqué sa place en la faisant la fille de pauvres paysans! dit le père Lambert, qui devinait qu'on voulait lui ravir sa fille.

— Lambert, je comprends tout l'égoïsme de l'amour qu'un père porte à son enfant, mais, en l'occasion qui se présente, et devant la volonté du roi, vous devez en faire l'abnégation. Sa Majesté veut que votre fille Madeleine soit confiée à mes soins, à ma vigilance maternelle, qu'elle soit élevée, instruite sous mes yeux, considérée dans ma maison à l'égale de ma propre fille Hélène de Bracieux, dont elle va devenir la sœur et la compagne. Lambert, oseriez-vous résister à la volonté de notre seigneur et maître le roi Louis XV?

—Je n'aurons garde, madame la baronne, d'autant mieux que Madeleine sera placée sous votre surveillance et votre protection, et qu'en qualité de jardinier de votre château, il me sera permis, ainsi qu'à sa mère, de voir notre chère enfant.

— Lambert, le père de la protégée du roi, ne peut demeurer plus longtemps un simple journalier; aussi ai-je résolu de vous accorder la place de garde chef de mes bois et fermages. Vous entrerez dès demain en fonctions et continuerez, je l'espère, à me servir avec zèle et intégrité dans ce nouvel emploi, comme vous l'avez fait jusqu'alors dans la modeste place que vous occupiez dans ma maison.

Lambert et sa femme, au comble de la joie, s'empressèrent de remercier la baronne, de l'assurer de leur dévoûment et de leur reconnaissance.

— Notre bonne maîtresse daignera sans doute mettre le comble à sa bienfaisance envers ses respectueux serviteurs, en leur permettant d'aller quelquefois embrasser leur enfant au château, demanda humblement la mère Lambert, les larmes aux yeux.

— Toutes les fois que cela vous fera plaisir, mes amis, car ni l'intention du roi, ni la mienne, ne sont de vous priver du plaisir de voir, d'embrasser votre fille et de vous ravir à ses caresses... Maintenant que nous sommes tous d'accord, je t'accorde cette journée afin que tu la consacre à tes chers parents; mais ne va pas oublier qu'un de mes carrosses viendra te prendre demain matin pour te conduire au château, où t'attendra une amicale réception, ajouta la baronne en embrassant de nouveau Madeleine. Puis, s'adressant au marquis de Vardes : Monsieur, lui dit-elle, veuillez ne pas oublier, ce soir, d'instruire Sa Majesté de l'exactitude avec laquelle j'ai rempli la mission dont il a daigné me charger à l'égard de ma jeune filleule, et de l'assurer que cette jeune fille sera traitée chez moi avec toute la considération que mérite la protégée du roi de France.

— Ainsi, Madeleine, vous voilà de notre famille et devenue une seconde sœur, de par ordre suprême! dit d'un ton familier le vicomte de Bracieux, sur lequel le marquis fixa un regard mécontent.

— Parle, mon enfant, te sens-tu heureuse de venir habiter parmi nous, de ce que nous allons faire de toi une belle et ravissante demoiselle? interrogea la baronne en voyant Madeleine devenir silencieuse et timide.

— Très-heureuse, madame la baronne, du moment que mes bons parents, que j'aimerai et respecterai toujours, daignent consentir à ce que j'accepte votre bienfaisante protection, répliqua la jeune fille, d'une voix émue.

— Fort bien, et à demain, ma chère enfant! fit la baronne tout en quittant la chaumière pour regagner son carrosse, suivie de son fils, des deux dames et du marquis de Vardes, lequel avant de monter en voiture, pressa amicalement la main de Madeleine en lui disant : A revoir, ma belle Madeleine ! car il faut que je vous parle sans témoin ; trouvez-vous donc ce soir, à la sixième heure, sur la route où vous avez rencontré le roi ; j'y serai.

— J'obéirai, monseigneur, répondit timidement la jeune fille.

Dix minutes s'étaient à peine écoulées depuis le départ de la baronne et de sa société, qu'Éloi, pâle et le visage soucieux, en se présentant dans la chaumière, interrompit l'entretien de Madeleine avec ses parents.

— Pardon, excuse si je vous dérange, voisins, mais je n'ai pu résister au désir de venir auprès de vous m'informer si le bruit qui court en ce moment dans le village est ou n'est pas une fâcheuse vérité.

— Eh! que dit-on, mon cher Éloi? demanda dame Lambert.

— Hélas! que Madeleine, devenue la protégée du roi, va quitter votre maison, le village, pour aller habiter le château de sa marraine, qui a ordre d'en faire une grande demoiselle bien éduquée?

— On ne dit que la vérité, Éloi : Madeleine nous quitte demain matin pour aller vivre au château ni pu ni moins qu'une princesse! répondit Lambert d'un air soucieux.

— Et vous consentez de gaieté de

cœur à quitter comme ça vos bons parents et vos amis, Madeleine?

— Éloi, mon cœur ne vous doit, ce me semble, nul compte de ses impressions, et cependant, en faveur de l'amitié que vous m'avez toujours témoignée, je consens à vous répondre qu'en quittant le toit de ma famille, je ne fais que d'obéir à la volonté du roi, mais avec l'assurance que je serai libre de voir chaque jour mon père et ma mère, de leur prodiguer mes caresses et de recevoir les leurs. S'il n'avait dû en être ainsi, malgré tout l'honneur que me fait le roi en daignant s'intéresser à mon obscure personne, je me serais empressé de résister à sa volonté et de continuer à servir les auteurs de mes jours en fille soumise et respectueuse.

— J'en suis persuadé, Madeleine, car je vous estime pour une honnête fille ; mais ne trouvez-vous pas étrange, ainsi que moi et les gens du pays, que cette baronne de Bracieux, votre marraine,

Madeleine, qui daignait à peine s'occuper de vous et vous envoyait à l'office manger avec ses valets, lorsque vous alliez au château lui présenter vos respects, s'éprenne subitement aujourd'hui pour vous d'une belle amitié ?

— Éloi, tu te mêles de ce qui ne te regarde pas, mon garçon, dit la mère Lambert.

— Dis plutôt qu'en qualité d'amoureux de not' fille, t'as peur qu'elle ne pense plus à toi quand elle sera devenue une grande demoiselle; et pourtant Madeleine n'est pas de celles qui oublient leurs amis facilement, dit le père Lambert.

— Mon père a raison et me juge bien, Éloi! Non, jamais, au sein du bonheur, je n'oublierai ceux qui m'ont été amicals quand je n'étais qu'une pauvre fille.

—Et cependant vous consentez à vous séparer d'eux, à vous éloigner de moi qui vous aime tant, de moi dont le désir le plus cher est de devenir votre mari, de vous rendre heureuse, de moi enfin qui aujourd'hui perdant l'espoir de vous posséder jamais pour ma femme bien-aimée, n'ai plus qu'à mourir de douleur et de chagrin, fit tristement le jeune homme en essuyant les larmes qui mouillaient ses yeux.

— Éloi, pourquoi m'affliger en me disant ces choses-là? Vous m'aimez d'amour, dites-vous; mais vous ai-je autorisé en cela, vous ai-je jamais fait entendre une parole qui me liât envers vous, à me rechercher en mariage, et vous donnât des droits sur mon cœur et ma personne?

—Non, Madeleine; mais j'avais pensé jusqu'alors que mes empressements ne vous étaient point indifférents, et osé espérer, répondit le perruquier d'une voix émue.

— Alors, puisque la fillette, et tu en conviens, n'a jamais encouragé tes avances, pourquoi la tourmenter ainsi?

— Hélas! soupira Éloi à ces paroles du père Lambert.

—Allons, Éloi, sois raisonnable, mon garçon, contente-toi de l'amitié de Madeleine et n'en exige pas davantage, puisqu'elle ne peut t'offrir autre chose; et comme la fillette quitte demain notre toit pour aller habiter le château de sa marraine, qu'il ne lui reste que peu de temps pour rassembler ses nippes et les mettre en ordre, tire-nous ta révérence, dit la mère Lambert d'un ton vif et qui ne permettait pas de ré--plique.

Éloi, ainsi congédié, se retira la tête basse, le cœur gros de soupirs, mais après que Madeleine, qu'affectait sensiblement la douleur du pauvre amoureux, lui eut pressé la main amicalement et fait entendre ces mots :

— A revoir, Éloi, et bon courage, mon ami !

La sixième heure du soir allait sonner comme Madeleine, après s'être échappée de la chaumière de ses parents, courait d'un pas léger à travers la forêt, afin de se rendre au lieu que lui avait indiqué le marquis de Vardes, qu'elle aperçut de loin assis au pied d'un arbre, les yeux fixés sur la route par où elle devait arriver.

Le jeune seigneur s'empressa d'accourir à la rencontre de la jolie fille pour lui prendre la main, tout en la félicitant sur son exactitude, et l'emmener dans un sentier couvert à l'abri des indiscrets.

Ils s'assirent tous deux sur un tertre de gazon.

— Combien je me sens fier et heureux, ma belle Madeleine, de l'estime que vous daignez me témoigner en vous confiant seule, et dans ce lieu solitaire à ma loyauté de gentilhomme! dit le jeune marquis en pressant doucement la main de la fillette.

— Vous êtes l'ami du roi, monseigneur, vous êtes mon protecteur, pourquoi donc aurais-je peur de vous?

Croyez, au contraire, que je suis reconnaissante de vos bontés ; et à me demander à quel heureux hasard je dois les attribuer, dit Madeleine les yeux baissés et le rouge au visage.

— Votre esprit, votre langage sont charmants, Madeleine ; aussi vous avouerai-je que jamais femme ne m'a inspiré autant d'intérêt que votre personne.

— Pourtant, monseigneur, je ne suis qu'une simple paysanne sans instruction, sans connaissance aucune des usages du monde.

— Ces usages et cette instruction qui vous manquent, Madeleine, vous tarderez peu à les acquérir, et en peu de temps vous deviendrez une femme accomplie dont chacun enviera l'heureuse possession.

—Vous avez trop bonne opinion de moi, monseigneur.

— Je dis ce que je pense, Madeleine. Et maintenant, permettez que je profite du moment favorable qui nous réunit, pour vous parler comme le doit un ami sincère. Vous êtes belle, Madeleine; vous le serez encore davantage. Votre marraine, madame de Bracieux, reçoit beaucoup de monde; vous ne serez pas longtemps sans qu'on vous fasse la cour. Souvenez-vous que, parmi les jeunes gens qui vont s'efforcer de vous plaire, il y en a de fort dangereux et de trompeurs qui mettront tout en œuvre pour vous séduire et s'emparer de votre cœur innocent ; si vous les écoutez, si vous cédez à leur séduction, Madeleine, vous êtes une fille perdue pour jamais. Soyez digne et ferme. Attachez-vous à votre marraine ; c'est une bonne et honnête personne qui vous rendra au centuple l'amitié que vous aurez pour elle. Madeleine, pardonnez-moi de vous donner ces conseils et n'en accusez que l'intérêt que vous m'avez inspiré et qui me fait prévoir tous les dangers qui vont vous assaillir dans ce monde où vous allez vivre. Je dois encore vous rappeler que la baronne a une fille qui, certes, est loin de vous égaler en beauté comme en grâce, ce qui ne peut manquer de rendre Hélène jalouse aussitôt qu'elle vous verra fixée près d'elle. Or, tenez-vous sur vos gardes, et, à force d'amitié, de déférence, faites en sorte de vous faire pardonner de cette fille votre supériorité sur elle. Quant au vicomte de Bracieux, le fils de la baronne, c'est un aimable cavalier qui, ainsi que moi, vous trouvera belle et digne de son adoration : ceci est une de mes plus vives inquiétudes, aussi bien que l'occasion qu'il aura de vous voir à chaque instant du jour. Cet homme vous aimera, Madeleine, il vous le dira; il saura peut-être vous rendre sensible à son amour! et si un pareil malheur devait arriver, je serais le plus malheureux des hommes, moi qui vous aime, Madeleine, moi qui jure de vous adorer toute la vie!...

En disant ainsi, le marquis avait passé son bras autour du corsage de Madeleine, afin de la presser sur son cœur et de lui dérober un baiser.

—Ah! laissez-moi, monseigneur, car je ne suis qu'une pauvre fille innocente qui ignore entièrement ce que c'est que l'amour! répondit Madeleine toute troublée, en essayant de se dégager de l'étreinte du jeune homme.

—Madeleine, je veux vous apprendre

à connaître ce doux et tendre sentiment.

— Non, non, monseigneur!... Ma mère m'a souvent répété qu'il ne fallait pas écouter les hommes, parce qu'ils cherchaient toujours à tromper les pauvres filles, et je suis persuadée que ma marraine m'en dira autant.

— Madeleine, n'ayez garde d'instruire la baronne du tendre sentiment qui m'attache à vous!

— Vous voyez bien, monseigneur,

qu'il y a du mal à ça, puisque vous me recommandez de ne pas en parler, fit Madeleine en souriant.

— Non, ma chère Madeleine, il n'y en a pas ; mais la baronne, en apprenant que je vous aime, et redoutant votre empire sur mon cœur, pourrait en instruire mon oncle le comte de Charly, vieillard susceptible qui me tient lieu du père et de l'excellente mère dont il a plu à Dieu de me priver dès mon enfance, cet oncle duquel dépend mon sort, qui m'aime comme si j'étais son fils prétend, qu'il disposera de mon cœur et de mon avenir...

— Et qui, en apprenant que vous aimez une simple paysanne s'empresserait de vous gronder et de vous défendre de lui parler dit Madeleine; alors je me tairais, car j'éprouverais trop de chagrin de ne plus revoir ni entendre celui qui a daigné se faire le protecteur, l'ami d'une fille pauvre et obscure.

— Mais Madeleine, et, si vous voulez,

avant de nous séparer, me rendre le plus heureux des mortels, dites-moi qu'un jour vous m'aimerez, faites-moi le serment que jamais autre homme que moi n'aura des droits sur votre cœur, que vous resterez insensible aux hommages dont on vous entourera pour me rester fidèle.

— Oui, je vous promets de ne jamais m'écarter des principes d'honnêteté que m'a sans cesse dictés ma mère, d'être toujours une fille sage et digne de l'estime de l'homme qui m'acceptera pour sa femme légitime, de l'homme enfin qui ne voudra gagner mon cœur que par son mérite et son respect.

— Madeleine, je serais cet homme-là.

— Vous, monseigneur, vous devenir le mari d'une paysanne! vous vous moquez! fit en souriant Madeleine.

— Je parle sérieusement, Madeleine; espérez, et souvenez-vous de la promesse que vous venez de faire, celle de rester toujours digne de l'amour et de l'alliance d'un honnête homme le jour où il viendra vous dire : Madeleine, votre vertu, votre esprit, vous élèvent à mes yeux ; aujourd'hui que je suis maître de disposer de ma personne et de ma main, je viens vous demander en mariage.. Madeleine, que me répondrez-vous alors ?

— Vienne ce jour, monseigneur, et votre humble servante sera trop heureuse de s'incliner devant votre volonté.

A cette réponse de la jeune fille, le marquis, au comble de l'ivresse, lui déroba de force un second baiser, circonstance qui lui valut d'être grondé bien fort et qui mit Madeleine en fuite en dépit des prières du jeune homme qui, après l'avoir appelée et poursuivie quelque temps, finit par la perdre de vue.

CHAPITRE TROISIÈME.

III

Le lendemain, sur les dix heures du matin, un des carrosses de la baronne de Bracieux vint s'arrêter à la porte de la chaumière de Madeleine, une femme en descendit, c'était mademoiselle Beauprès, grande fille d'une quarantaine d'années, à la mine béate et pateline, de plus première chambrière de la baronne, laquelle, au nom de sa maîtresse, venait chercher Madeleine pour la conduire au château, où elle était attendue avec impatience. Madeleine, qui s'était parée de ses plus beaux atours, afin de faire honneur à sa marraine, et que la Beauprés pressait de monter en voiture, se jeta au cou de son père et de sa mère qu'elle couvrit de baisers et mouilla de ses larmes.

— Va, mon enfant, va sans crainte ni regret où le bonheur t'attend, où tu vas retrouver une seconde mère dans ta bonne marraine... Madeleine, sois soumise, écoute et suis les bons conseils que ne manquera pas de te donner madame la baronne, souviens-toi aussi de ceux de ta mère, reste ce que tu as été jusqu'à ce jour, une fille sage, modeste, soumise et le bon Dieu t'en récompensera, fit dame Lambert en rendant caresse pour caresse à sa fille.

— Fillette, tu nous quittes, mais souviens-toi que si tu ne te trouvais pas heureuse, si tu venais à regretter ta famille, ton village, que nous sommes là et que tu retrouveras toujours en nous des parents prêts à t'ouvrir leurs bras comme à te chérir, dit à son tour Lambert, les yeux humides en embrassant sa fille.

Quelques minutes de plus consacrées

aux adieux, et Madeleine monta dans
le carrosse qui l'emporta avec la rapi-
dité de deux chevaux fougueux. Arrivée
au château, lequel n'était situé qu'à une
lieue du village, la voiture fut s'arrêter
dans la cour d'honneur au pied d'un
vaste perron où Madeleine fut reçue
par la baronne et son fils, le vicomte
de Bracieux.

— Sois la bien-venue, mon enfant,
sous le toit de ta nouvelle famille, dit
la dame en embrassant la paysanne.

Madeleine salua respectueusement le vicomte, lequel s'empara de son bras en lui disant :

— Permettez, ma chère demoiselle, que ce soit moi qui fasse les honneurs de la maison à la belle protégée du roi.

— Gontrand, laissez cette enfant, que votre pétulance embarrasse, et avant de vous en emparer, laissez-lui au moins le temps de se familiariser avec votre étourderie, fit la baronne d'un ton sévère et tout en ôtant Madeleine du bras du jeune homme pour l'introduire elle-même dans les appartements et la conduire à celui qu'elle lui destinait.

— Beauprés, dit-elle alors à la chambrière qui les avait suivis, je vous recommande ma chère filleule, elle est douce et portée au bien, de plus, connue du roi qui la protége, c'est vous dire que vous devez avoir pour elle tous les égards et le respect possible. Ce que je vous recommande par-dessus tout est de ne la quitter que le moins possible, d'être sans cesse à sa disposition.

— Madame la baronne ainsi que mademoiselle seront satisfaites de mon zèle, répondit la vieille chambrière d'un air patelin.

—Madeleine, sous huit jours, ma fille Hélène, que j'ai envoyée passer un mois près de la chanoinesse de Belzunque, sa respectable tante, sera de retour ici ; en elle tu trouveras une sœur, une compagne pour te distraire. D'ici là, chère enfant, tâche de ne pas trop t'ennuyer.

Deux heures s'étaient à peine écoulées depuis que Madeleine habitait le château, que déjà, grâce à l'empressement de la Beauprés et d'après les ordres de la baronne, la toilette de notre jeune fille avait subie une transformation complète, que la soie, la dentelle couvraient sa charmante personne, que ses beaux cheveux poudrés, frisés avec goût, étaient légèrement emprisonnés sous un tissu d'or et de perles. Si bien qu'en se contemplant dans un miroir, Madeleine avait peine à se reconnaître.

— Vous êtes cent fois plus jolie encore ainsi parée, ma belle demoiselle, disait la Beauprés en ornant le cou de Madeleine d'un joli collier.

— La parure embellit, il est vrai, mais il est grand dommage que celle-ci, toute élégante quelle soit, ne pourra déguiser entièrement la paysanne que trahiront toujours son langage et ses allures rustiques, dit en riant la jeune fille.

— Bah! avant un mois, ma chère petite maîtresse, vous serez aussi gracieuse que nos dames du grand monde, dont vous aurez adopté le langage et les manières élégantes, répliqua la Beauprés tout en attachant la dernière épingle.

Tandis qu'on métamorphosait ainsi notre paysanne en grande et coquette demoiselle, la baronne de Bracieux tenait au salon un grave entretien avec son fils.

— Je vous le répète, Gontrand, disait-elle, je ne me suis certes pas embarrassée de cette Madeleine par excès de sensiblerie, et la meilleure preuve que je puisse vous en donner, c'est que bien que j'aie consentie jadis à être sa marraine dans le seul but de me populariser dans ce pays, dont je venais d'acheter la seigneurerie, depuis ce temps, je ne me suis jamais occupée de Madeleine, et j'ai laissé son père travailler obscurément sous les ordres de mon jardinier ; mais aujourd'hui, par un hasard étrange, cette petite est connue du roi qui s'intéresse à elle; en quel but ? je m'en doute, car elle est jolie, promet de l'être plus encore, et Sa Majesté aime fort les jolies filles.

— Ce qui veut dire que vous soupçonnez que le roi compte en faire sa maîtresse, interrompit le vicomte en riant.

— En effet, ce qui est ma pensée et pour moi presque une certitude, alors mon fils vous devez comprendre combien il nous importe de ménager Madeleine, de gagner sa confiance et de nous l'attacher par de bons procédés, d'autant mieux que le funeste procès que nous a intenté le comte de Mailly menace de nous enlever la presque totalité de notre fortune, et que pour mettre le roi de notre côté, j'ai l'intention de lui faire remettre un placet par la main de Madeleine.

— Ce moyen est adroit et ne peut que nous être favorable, fit Gontrand.

— Alors, mon fils, puisque vous

m'approuvez, je ne puis donc trop vous recommander de ne point en entraver l'exécution, en vous montant la tête en faveur de cette jeune fille et en la persécutant de votre feinte passion pour sa personne.

— Quoi! ma mère, vous exigeriez que je restasse insensible aux attraits de cette fille, que je respectasse cette rose divine pour en conserver les prémices à notre seigneur le roi; mais ceci est de la tyrannie, et mon avis est à moi, que si je parvenais à me faire aimer de Madeleine, à devenir son amant, qu'en faveur de ce tendre privilége, la belle toute dévouée à notre cause ne nous en servirait que plus chaleureusement.

— Vous êtes un fou, Gontrand, qui, en pensant agir de la sorte, ne réfléchissez pas aux conséquences sérieuses qui pourraient résulter de votre commerce amoureux avec cette fille, conséquences qui nous seraient funestes, si le roi venaît à en être instruit, ce qui ne manquerait pas d'arriver, grâce à la malveillance des ennemis que nous avons dans ce pays. Gontrand, réfléchissez, et promettez-moi de renoncer à vos coupables projets à l'égard de Madeleine.

— Soit ! je vous le promets, madame, mais à la condition que nul cavalier ne se permettra de courtiser Madeleine, et que s'il s'en trouvait un qui osa entreprendre cette douce tâche, vous vous empresseriez de l'éloigner aussitôt.

— Je m'y engage, d'autant mieux que je ne connais ni ne vois dans tous les gens qui viennent ici, nul homme assez beau, assez jeune, assez audacieux pour vous disputer la conquête de cette jeune fille.

— Ma mère, en disant ainsi, vous oubliez sans doute que le marquis de Vardes est jeune, beau, galant et qu'il fréquente assidûment notre demeure.

— Le marquis vient ici en qualité de voisin, parce que le château de son oncle le comte de Charly n'est situé qu'à une demi-lieue du nôtre; ensuite, je soupçonne ce jeune homme amoureux de votre sœur Hélène et m'attends à ce qu'au premier jour il me fasse faire la demande de sa main par l'organe de son oncle, dont il est le pupille et l'unique héritier. Or, Gontrand, vous n'avez donc rien à redouter du côté du marquis de Vardes.

— C'est possible! d'ailleurs j'observerai, répondit le vicomte.

L'apparition de Madeleine, que la Beauprés amenait au salon, arracha un cri d'admiration au vicomte, tant il la trouva cent fois plus belle et plus séduisante encore dans sa riche parure.

La baronne, non moins émerveillée, se leva pour courir au-devant de sa filleule et l'embrasser, en la complimentant sur sa beauté et l'aisance gracieuse avec laquelle elle portait sa nouvelle toilette.

Le soir vint et amena nombreuse société au château, parmi elle le marquis de Vardes, qui certes ne fut pas le dernier à complimenter Madeleine sur sa beauté et sa bonne mine, le marquis qui toute la soirée guetta l'instant propice où il pourrait entretenir la jeune fille sans témoin et se vit privé de cet avantage par l'assiduité que mit le vicomte de s'attacher à lui, à l'obséder de son éternelle présence.

Le lendemain, notre jeune homme ne fut pas plus heureux, car il ne lui fut permis, en présence de la baronne et de son fils, que d'adresser des paroles banales à la jeune fille, quand son cœur tout plein d'amour lui inspirait mille tendres aveux qu'il brûlait de faire tomber dans l'oreille de Madeleine, dont il allait se séparer pour huit jours, étant contraint, de par ordre de son oncle, de se rendre en mission à Versailles.

Depuis quatre jours il est absent, et Madeleine, en sentant la tristesse déborder son cœur, Madeleine qui pense sans cesse à lui, se demande tout bas si ce qu'elle éprouve ne serait pas de l'amour.

Le vicomte, malgré la promesse qu'il a faite à sa mère, dominé par les désirs amoureux que lui inspirent les charmes de Madeleine, et qu'excite sans cesse la présence de la jolie fille, n'a pu contenir son langage; aussi a-t-il profité de tous les instants où il s'est trouvé seul avec elle pour lui tenir les plus tendres discours, tomber à ses pieds et implorer de ses lèvres un mot, un seul qui encourageât sa flamme.

Mais c'est en vain qu'il a supplié, joué le désespoir; Madeleine est demeurée fière et insensible, ses lèvres ne se sont entr'ouvertes que pour imposer silence au vicomte et lui ravir toute espérance.

Ainsi repoussé, Gontrand s'est relevé humilié, la colère au cœur, et tout en jurant, si elle l'y contraignait, d'obtenir par la ruse ou la force ce que la vertu de la pauvrette refusait à son amour.

Madeleine, restée seule, se mit à pleurer, puis sa pensée fut de se réfugier sous le toit paternel, dont elle commençait déjà à regretter les douceurs et la sécurité.

Deux jours plus tard, une berline de poste entrait brusquement dans la cour du château; cette voiture ramenait mademoiselle Hélène de Bracieux dont sa mère s'empara, dès qu'elle eut mis pied à terre, pour aller s'enfermer avec elle l'espace de deux grandes heures.

— Chère Madeleine, je viens t'annoncer une heureuse nouvelle : Hélène, ma fille, celle qui va devenir ta sœur, ton amie, est enfin de retour, et, comme la fatigue du voyage qu'elle vient de faire la retient chez elle et l'empêche de venir à toi, je viens te chercher pour te conduire près d'elle, dit la baronne après être entrée dans la chambre où

Madeleine, seule et pensive, s'occupait à broder au métier.

Madeleine s'empressa de se lever pour suivre la dame, qui, d'un pas rapide, l'entraîna jusqu'à la chambre de sa fille.

Hélène était une grande personne blonde, maigre, avantagée de deux grands yeux bleus très-insignifiants, d'un nez aquilin, d'une bouche moyenne ornée de deux rangées de dents assez belles.

Hélène, en apercevant Madeleine, après avoir saisi du premier coup-d'œil tout ce que cette fille possédait de perfections et de charmes, ne put s'empêcher de rougir et de mordre ses lèvres de dépit, tout en adressant un salut protecteur à l'aimable enfant, laquelle, guidée par la bonté de son cœur, s'avançait souriante pour l'embrasser, mais qui s'empressa de reculer à l'aspect de ce visage froid et sévère qui rivait sur elle un regard hostile rempli d'un suprême dédain.

— Eh bien! mes enfants, vous ne vous embrassez pas afin de faire plus vite connaissance? demanda la baronne.

— Je n'ose me permettre... répondit timidement Madeleine.

— Quel enfantillage! Madeleine, ma fille est timide ainsi que vous; mais comme vous êtes la plus jeune, c'est à vous de faire les avances! reprit la baronne en poussant Madeleine vers sa fille.

Toutes deux s'embrassèrent alors : Madeleine, avec effusion, franchise ; Hélène, avec dédain et colère.

— Enfants, je désire que vous vous aimiez comme deux bonnes sœurs doivent s'aimer, entendez-vous ?

— C'est avec bonheur, madame, que mon cœur remplira votre désir, si mademoiselle daigne accepter l'amitié d'une pauvre et simple fille qui s'efforcera de mériter son estime et sa confiance! reprit Madeleine.

— C'est bien! soyez bonne fille, et je serai de vos amies, répondit sèchement Hélène, pour reprendre aussitôt : Ma mère, je me sens horriblement fatiguée et je désire me reposer.

Madeleine, qui comprit que ces paroles n'étaient autres qu'un moyen indirect dont se servait Hélène pour la congédier, salua la fière jeune fille et quitta la chambre, le cœur humilié et gros de soupirs.

— En vérité, Hélène, je ne te comprends pas de faire une pareille réception à cette fille, lorsque, avant de te la présenter, je me suis efforcée de te faire sentir combien il est de notre intérêt de la ménager, de gagner sa confiance, son amitié, dit la baronne mécontente, après le départ de Madeleine.

— Ma mère, il m'est impossible de faire bonne mine aux gens qui ne me plaisent pas! répondit Hélène avec sécheresse.

— Qu'a donc cette fille pour te déplaire? Madeleine est la bonté, la douceur même. Donne-toi la peine de l'étudier, de la connaître, et tu reviendras facilement de ton injuste prévention.

— Je ne le présume pas; ensuite, ai-je donc le cœur assez banal pour m'enticher subitement, et sans motif, de la première manante qu'il vous plaît de m'imposer pour amie?

— Hélas! il est des circonstances en la vie où il faut agir et parler tout autrement qu'on ne le voudrait, ce que tu apprendras peut-être à tes dépens lorsque tu seras reçue à la cour. En attendant, souviens-toi qu'aujourd'hui, plus que jamais, nous avons besoin de protecteurs, mon enfant, et que cette Madeleine est la protégée du roi, qui, certes, accueillera avec gracieuseté le placet que je compte lui faire remettre par cette jeune fille, dont je le soupçonne amoureux. Réfléchis maintenant que si, par ta fierté, ton indifférence, tu indisposes Madeleine, il pourra se faire que, se trouvant dédaignée, malheureuse ici, elle demande à retourner dans sa famille; que le roi, qui me l'a confiée, en apprenant qu'elle a quitté notre toit, veuille en connaître la cause, alors, nous qui avons en ce moment, tant intérêt à ménager le maître, nous tombons par ce fait, en pleine disgrâce et encourons le risque de perdre le procès d'où dépend notre fortune.

— Mais ma mère, il me semble qu'au lieu de courtiser la honteuse protection d'une paysanne, de la prétendue future maîtresse du roi, il serait beaucoup plus honorable pour nous d'obtenir celle du comte de Charly qu'on assure être tout-puissant à la cour et auprès duquel son neveu, le marquis de Vardes, serait en notre faveur un puissant et dévoué auxiliaire?

— Hélène, je n'ai point attendu ton

conseil pour agir en ce sens ; moi-même je suis allé trouver le comte, afin de solliciter sa protection et de lui expliquer la cause importante que nous plaidons aujourd'hui.

— Eh bien? interrompit Hélène vivement.

— Eh bien, le comte, après m'avoir entendue, m'a refusé sa protection, en ajoutant que notre cause était injuste, détestable et perdue à l'avance.

— Ainsi, ma mère, nous sommes ruinées? fit Hélène avec douleur.

— Non, si mettant un frein à ton orgueil, tu consens à feindre quelque peu d'amitié en faveur de Madeleine.

— Ne serait-il pas plus sage de hâter mon mariage avec le marquis de Vardes en le forçant de s'expliquer à mon égard?

— Ton mariage avec le marquis n'existe que dans ta tête, ma pauvre enfant; car jusqu'alors de Vardes ne nous a pas fait entendre le moindre mot qui puisse nous donner à penser qu'il fût amoureux de toi et qu'il recherche notre alliance.

— A quoi donc alors, ma mère, devons-nous attribuer l'assiduité du marquis, ses fréquentes visites ici et les tendres propos qu'il m'a souvent tenus, lorsque le hasard nous réunissait sans témoin ?

— Hélène, je crains fort que tu ne t'abuses sur les sentiments du marquis à ton égard, et que tu n'aies pris la simple politesse pour de l'amour, fit en souriant la baronne.

— Et c'est avec ce doute dans le cœur, vous qui ne désirez rien de plus qu'une union entre le marquis et moi, que vous impatronisez imprudemment ici une fille qui peut devenir pour moi une rivale dangereuse? fit Hélène avec impatience et de l'expression du reproche.

— Quoi! de la jalousie, du dépit!

comme si mademoiselle Hélène de Bracieux, fille de feu M. le baron de Bracieux, vice-président au Parlement, pouvait entrer en comparaison avec la fille de Jacques Lambert, le garçon jardinier?

— Qu'importe la naissance commune de cette fille, s'il prenait la fantaisie au marquis d'en faire sa maîtresse et de me négliger pour elle?

— Le marquis n'oserait s'attaquer à celle que le roi a placée sous ma surveillance; tu n'as donc rien à redouter de ce côté.

— C'est ce dont je saurai me convaincre sous peu, répliqua Hélène avec humeur et fermeté.

CHAPITRE QUATRIÈME.

IV

— Que me voulez-vous, Beauprés ? pourquoi entrez-vous dans ma chambre sans que je vous aie fait demander ? disait Hélène d'un ton impérieux à la femme de chambre qui se présentait.

— Quoi! vous grondez votre dévouée servante, celle en qui vous avez placé votre confiance, lorsque, remplie de zèle pour vos intérêts, elle vient vous instruire de ses découvertes?

— Avez-vous donc du nouveau à m'apprendre, Beauprés? Allons, parlez, je vous écoute, reprit Hélène d'un ton adouci, en faisant signe à la chambrière de s'asseoir près du lit dans lequel elle reposait, car il n'était alors que huit heures du matin.

— Vous saurez qu'hier soir, j'ai surpris la paysanne en grande conversation amoureuse avec M. le marquis, lequel lui disait les choses les plus gracieuses, les plus tendres, et la suppliait de lui avouer s'il était payé de retour.

— Que répondait cette fille à tous ces discours ? interrompit Hélène avec dépit, impatience et le visage enflammé

— Elle minaudait, faisait la timide et tirer l'oreille.

— Après! après! s'écria Hélène.

— Pressée de nouveau par l'amoureux jeune homme, et après lui avoir fait entndre les mots sagesse, vertu, honneur, Madeleine a fini par lui avouer qu'elle n'était point insensible à son hommage, et par consentir à un rendez-vous dans le parc, lequel doit avoir lieu aujourd'hui même à midi près de la grotte du petit bois.

— J'irai ! s'écria Hélène furieuse.

— Pour les surprendre sans doute et confondre cette petite hypocrite de paysanne qui se permet, avec son air de sainte ni touche, d'amorcer les amoureux des autres, murmura la Beauprés.

— Laissez-moi seule, ma chère, continuez d'épier Madeleine ainsi que le marquis; puis, soyez certaine, Beauprés que je saurai récompenser votre zèle. Allez, allez !

Ainsi congédiée brusquement, la

chambrière se retira pour se rendre dans une autre partie du château. et se présenter chez le vicomte de Bracieux, qu'elle trouva en train d'écrire.

— C'est toi? que viens-tu m'apprendre? fit Gontrand.

— Que décidément le marquis en tient pour Madeleine, que Madeleine en tient pour le marquis, et que s'il vous plaît de vous en assurer, d'en savoir davantage, vous n'avez qu'à vous rendre ce matin, sur le midi, à la grotte du petit bois, où les deux tourtereaux se sont donné rendez-vous.

— Sacrebleu, j'irai ! s'écria le vicomte ; ah ! belle Madeleine, vous repoussez mon amour, et vous donnez à un autre de tendres rendez-vous ! Fort bien, mignonne, je vous apprendrai qu'on ne se joue pas de moi impunément. Oui, vous serez à moi, vous serez ma maîtresse, ou le diable perdra ses cornes.

— Et vous aurez ma foi raison, mon

cher maître, en donnant une bonne leçon à cette petite manante qui se permet de vous résister, d'en écouter un autre, et quel autre encore? celui que mademoiselle votre sœur convoite pour mari !

— Beauprés, je crois que sous peu j'aurai besoin de mettre ton dévoûment et ton adresse à l'épreuve.

— Disposez de votre humble servante, monsieur le vicomte, et permettez-lui de vous faire observer qu'il serait prudent de votre part de ne point faire d'esclandre, et de ménager la paysanne dont vos intérêts de fortune nécessitent la protection; envers laquelle madame la baronne votre mère vous recommande sans cesse la prudence.

— Beauprés, ma mère s'abuse sur le prétendu crédit de cette Madeleine, que le roi a sans doute oubliée, et la preuve, c'est que depuis un mois qu'elle est ici, nous n'avons reçu aucune nouvelle de la cour.

— Je pense ainsi que vous, mon cher maître ; Sa Majesté le roi de France n'aura rien mieux trouvé pour se débarrasser de cette fille que de vous la mettre sur les bras, et maintenant qu'il la sait en bonne condition, il ne s'en occupe guère plus que s'il ne l'avait jamais vue.

— C'est à midi que doit avoir lieu le rendez-vous, dis-tu?

— A midi, à la grotte du petit bois.

— Fort bien ! prends cette bourse,

Beauprés, et tiens-toi prête à me servir.

La chambrière s'empara de la bourse et se retira pour se rendre chez Madeleine, qu'elle trouva levée, habillée et se livrant à l'étude, son unique occupation de tous les matins.

— Toujours au travail donc? En vérité, vous deviendrez un trésor de science, ma belle demoiselle, mais prenez garde que cela ne soit aux dépens de votre chère et précieuse santé, dit la Beauprés d'un ton patelin.

— Eh ! mon Dieu, il faut bien qu'il en soit ainsi, ma chère Beauprés, si je veux rattraper le temps perdu, et me sortir de l'ignorance honteuse où m'a laissée mon humble condition, répondit Madeleine.

— Mais vous ne vous en acquittez pas mal, à ce que disait, il n'y a pas plus de deux jours, votre maître de français à madame la baronne, en l'assurant que vous faisiez des progrès surprenants.

— Je fais tous mes efforts, Beauprés,

pour me rendre digne des sacrifices que mes bienfaiteurs daignent faire en ma faveur.

— Vous êtes un ange, pour qui on ne saurait avoir trop de complaisance, ma belle demoiselle, aussi le bon Dieu vous récompensera-t-il un jour en vous donnant un beau et riche mari, qui vous rendra heureuse comme une reine.

— Une fille comme moi, sans naissance ni fortune, ne doit pas espérer de se marier jamais.

— Vous plaisantez, sans doute, en vous plaçant si bas; vous, la protégée du roi de France.

— Pourquoi donc me prodigue-t-on sans cesse cette dénomination honorable, moi à qui le roi ne pense sans doute plus, à laquelle il s'est intéressé un instant comme on s'intéresse à un enfant qu'on trouve sur son passage et qu'on oublie un instant après?

— Oubliée, dites-vous? ce n'est pourtant pas ce que pensent madame la baronne ainsi que M. le marquis de Vardes, qui vous croient en grand crédit à la cour.

— Bonne pensée que leurs dictent leurs excellents cœurs, mais s'il s'agissait de mettre ce prétendu crédit à l'épreuve, je craindrais fort que son résultat ne soit autre que la déception, dit Madeleine.

— Ma belle demoiselle, vous ne tenez pas assez compte de votre mérite ni de votre rare beauté; vous êtes de ces anges qu'il suffit de voir une seule fois pour en garder le souvenir toute la vie.

— Beauprés, vous êtes une flatteuse; et l'amitié que j'ai été assez heureuse pour vous inspirer vous aveugle sur mon compte.

— Certes, que je vous aime et vous suis toute dévouée, mais qui vous connaîtra comme moi, ainsi que moi, ne pourra s'empêcher de rendre hommage à vos précieuses qualités.

Un valet vint interrompre cet entretien, pour prévenir Madeleine que la baronne l'attendait chez elle. Notre jeune fille s'empressa de se rendre à cette invitation.

—Madeleine, assieds toi, mon enfant, dit la baronne d'un ton affable, en indiquant à la jeune fille un siége placé près du sien.

—Vous m'avez fait appeler, madame, et je m'empresse de me rendre à vos ordres.

— Oui, mon enfant, j'ai désiré causer

un instant avec toi, afin de t'engager à m'ouvrir ton cœur.

— Interrogez-le, madame, car il ne peut rien avoir de caché pour ma bienfaitrice.

— Madeleine, certain bruit est venu à mon oreille et je souhaite l'éclaircir ; serait-il vrai que le marquis de Vardes est amoureux de toi et qu'il te fait la cour ?

A cette question inattendue. le charmant visage de Madeleine se couvrit d'une vive rougeur, un tremblement fébrile agita tout son corps.

— J'ignore, madame, ce que c'est que l'amour, mais si les soins, les paroles amicales et flatteuses que se plaît à me prodiguer M. le marquis sont l'expression de ce sentiment, le bruit qui vous inquiète serait une vérité, répondit modestement Madeleine.

— Enfant, au milieu de toutes ces douces flatteries, le marquis ne t'aurait-il point fait entendre ces mots : Je vous aime?

— Il me les a dit, madame.

— Madeleine, serais-tu assez confiante pour ajouter foi à un pareil langage, celui que tout homme galant prodigue à chaque fille jeune et belle? Sois franche, Madeleine, qu'as-tu répondu à M. de Vardes lorsqu'il t'a dit qu'il t'aimait?

— Je n'ai osé répondre, madame.

— Tu as bien fait, mon enfant, mais

si le marquis s'avisait encore de te parler de cet amour prétendu, garde-toi bien d'ajouter foi à ces paroles trompeuses, et empresse-toi de lui imposer silence. Souviens-toi, Madeleine, qu'une demoiselle qui se respecte, ne doit jamais permettre un pareil langage, surtout de la part d'un homme dont elle ne peut espérer devenir la femme, et qui ne voit en elle qu'une fille digne tout au plus d'être sa maîtresse et l'esclave de ses caprices; une fille, enfin, à laquelle il ne pourrait rendre l'honneur qu'il lui aurait ravie, quand bien même sa volonté serait telle, car sa naissance, ses titres, éleveraient entre elle et lui une barrière infranchissable.

— Merci, madame, de ces excellents conseils que mon cœur accepte avec reconnaissance, et dont il se souviendra.

— J'en suis certaine, Madeleine, car je te sais sage et prudente; ensuite, tu ne voudrais pas faire de la peine à cette pauvre Hélène, qui depuis longtemps s'est habituée à voir dans monsieur le marquis de Vardes l'homme que je lui destine pour époux, et de qui elle est aimée.

Ces dernières paroles, prononcées avec intention, furent un coup de foudre pour le cœur de la sensible Madeleine, dont le visage devint d'une pâleur effrayante, de qui la tête s'inclina tristement sur son sein : vive et douloureuse émotion qui n'échappa pas aux regards inquisiteurs de la baronne, qui, instruite de ce qu'elle désirait savoir, tarda peu à congédier la jeune fille, laquelle s'empressa de remonter dans sa chambre pour s'y enfermer et se livrer à toute l'amertume de la douleur qui la torturait.

— Il aime Hélène, il doit être son époux, et il disait n'aimer que moi ; comme il me trompait !.. Mon Dieu, que je suis malheureuse ! Voilà donc le sort que me réservait ce grand monde

que j'étais si curieuse de connaître...
l'humiliation, le dédain, la séduction!
O mon père! ô ma mère! combien je
regrette aujourd'hui votre humble toit,
où ma jeunesse est écoulée paisible et
heureuse! Non, non, je n'irai point à ce
rendez-vous qu'il m'a donné. A quoi
bon l'entendre mentir de nouveau en
me disant qu'il m'aime et qu'il n'aimera
jamais que moi !.. Ah ! prions Dieu afin
qu'il me permette d'oublier ce trompeur.

Et ce parti pris à contre-cœur, Madeleine essaya en pleurant de se remettre à l'étude.

CHAPITRE CINQUIÈME.

V

Midi était sonné depuis longtemps, et le marquis, qui, dans son impatiene de revoir Madeleine, avait devancé l'heure du rendez-vous, se promenait à grands pas dans le petit bois, le regard fixé sur le sentier par où devait venir la jeune fille, sans se douter que les charmilles, les buissons devant lesquels il passait et repassait dérobaient à sa vue deux paires d'yeux qui observaient tous ses mouvements, quatre oreilles qui écoutaient et saisissaient les moindres paroles que lui arrachaient l'impatience et l'inquiétude.

— Ils la retiennent, l'empêchent de sortir, sans doute; car elle sait que je l'attends, que je souffre... Allons, plus d'espoir ! Aurait elle changé d'avis, craindrait-elle l'isolement avec moi ?... Oh non ! car déjà nous nous sommes trouvés seuls ensemble, et elle sait comme je me suis conduit, que je suis incapable d'oublier envers elle tout ce qu'un honnête homme doit de respect à l'innocence et à la vertu

— Ainsi, disait le marquis, lequel, après une attente de deux grandes heures, abandonna la place pour gagner le château, puis, guidé par la pensée et le cœur, se dirigea secrètement vers l'appartement et la chambre de Madeleine, qu'il surprit seule et le visage mouillé de larmes.

— Madeleine! cruelle fille! m'avez-vous donc oublié?.. s'écria-t-il en venant tomber aux genoux de la jeune fille.

—Vous ici, monsieur! grand Dieu! si l'on vous y surprenait, je serais une fille perdue!... Au nom du ciel, éloignez-vous; prenez pitié de moi!... s'écriait Madeleine effrayée et suppliante.

— Madeleine, d'où naît l'effroi qui vous agite à ma vue? que vous est-il arrivé? pourquoi n'êtes-vous pas venue au petit bois ainsi que vous me l'aviez promis?

— Monsieur, je suis ici chez mes bienfaiteurs, et, pour prix des soins et de l'hospitalité toute maternelle dont ils m'honorent, il ne me convient pas d'être ingrate envers eux, ni de ravir à leur fille bien-aimée le cœur ni la possession de l'homme qui doit un jour devenir son époux. Telle est la raison, monsieur, qui m'a fait manquer au rendez-vous que vous m'aviez indiqué, et m'impose dorénavant le devoir de ne plus vous entendre ni de vous voir. Croyez-moi, restez constant à Hélène, aimez-là, elle en est digne par son rang, et laissez en paix la fille obscure qui, ne pouvant espérer devenir votre femme, ne consentirait jamais à se faire votre maîtresse.

— Je vous écoute avec autant de surprise que de douleur, Madeleine, et cherche en vain à vous comprendre. Que me parlez-vous d'union entre mademoiselle Hélène de Bracieux et moi, lorsqu'il n'a jamais été question de ce mariage, lorsque j'ai fait le serment de n'accepter pour compagne de ma vie que la jeune fille que j'aimerais d'amour sincère, et que je n'éprouve à l'égard d'Hélène de Bracieux que le sentiment d'une respectueuse amitié.

Monsieur le marquis, vous me permettrez sans doute d'ajouter foi aux paroles de madame la baronne qui elle-même m'a révélé ce matin ses espérances d'union entre vous et sa fille.

—Madeleine, je vous jure et vous répète qu'il n'a jamais été question de ce mariage; et si madame la baronne a cru deviner en moi un aspirant à la main de sa fille, elle s'est étrangement abusée. J'estime Helène, et celle que j'aime d'amour c'est vous, Madeleine, vous que je n'hésiterais pas à épouser aujourd'hui même si j'étais libre de disposer de ma main et de ma fortune, mais je suis mineur et sous la tutelle d'un oncle inflexible et sévère; et pourtant je vous le dis, ma bien-aimée, attendez et espérez, car je fais ici le serment d'adorer éternellement ma chère Madeleine et d'être un jour son mari!

— Hélas! n'abusez-vous pas mon cœur, ne l'inondez-vous pas d'une joie trompeuse? Au nom du ciel, gardez-vous d'abuser de la crédulité d'une pauvre fille qui se confie à votre honneur et vous conjure de l'épargner.

— Madeleine, je t'aime, je t'aime!...

Et comme de Vardes, tombé aux pieds de Madeleine, prononçait ces dernières paroles avec amour, la porte de la chambre s'ouvrit brusquement; puis le vicomte, armé d'un sourire ironique; Hélène, avec le dépit et la colère peints dans tous les traits, apparurent aux regards des deux amants.

— Fort bien, marquis! sacrebleu, cher! vous vous entendez à ravir, à enjoler les innocentes. Malpeste! jurer un amour éternel, promettre le mariage quand même, voilà qui est d'une rouerie admirable, fit Gontrand d'un ton railleur et souriant.

— Aussi, cette fille se laissait-elle prendre le mieux du monde à ce trébuchet

— En vérité, monsieur le marquis, vous manquez de pitié pour les pauvres gens et vous les compromettez pour bien peu de chose. . Allons, soyez plus humain, et laissez cette fille en repos, je vous demande grâce pour elle, à moins que pour le triste plaisir de satisfaire un pitoyable caprice, il ne vous plaise de la priver de notre protection et de nous mettre en la nécessité de la chasser de notre maison, dit à son tour Hélène d'un ton suprêmement dédaigneux.

— Mon Dieu, ayez pitié de moi! Mon Dieu, sauvez-moi de l'humiliation!

s'écria Madeleine en larmes, et avec l'accent du plus violent désespoir.

— Madeleine, calmez cette douleur insensée; car toutes les paroles, les serments que je viens de vous faire, sont l'expression sincère de mon cœur, Madeleine, je t'aime et nulle autre que toi ne sera ma femme. Madeleine, c'est devant Dieu qui nous écoute, que je te réitère ce serment. Quant à vous, monsieur le vicomte, j'ignore en vertu de quel droit vous vous permettez de m'espionner et surtout de douter de la sincérité de mes paroles.

— Marquis, vous devenez impertinent, prenez garde, je déteste les gens de cette sorte et les châtie assez sévèrement, fit Gontrand avec hauteur.

— Moi, monsieur, j'ai pour habitude de châtier de la même façon les gens assez lâches pour écouter aux portes, afin de surprendre les secrets d'autrui.

— Marquis, vous me païerez cher ces insolentes paroles !

— Vicomte, je me mets à votre disposition.

— Comment, messieurs, des provocations, un duel à l'occasion de cette paysanne hypocrite qui, en récompense des bienfaits dont nous l'honorons, jette la discorde dans notre maison! Mais cette créature est une infâme qu'il nous faut chasser ignominieusement! s'écria Hélène avec haine et colère.

— Ah! monsieur, combien m'est funeste la protection dont m'honore le roi! Hélas! que ne m'a-t-il laissée sous l'humble toit de ma famille, fit Madeleine en sanglottant.

— Vos plaintes ne sont pas justes, Madeleine; Sa Majesté, en vous plaçant sous la protection de madame la baronne de Bracieux, était loin de s'attendre que vous rencontreriez deux ennemis implacables, en la personne de ses enfants. Il y a trois jours, qu'étant à Versailles, le roi a daigné me parler de vous, en des termes bienveillants, il s'est informé auprès de moi si vous vous trouviez heureuse dans votre nouvelle position, et sur ma réponse affirmative, car je vous croyais telle alors, Sa Majesté m'a chargé de faire part de sa satisfaction à madame de Bracieux ; mais aujourd'hui que je m'aperçois que j'ai trompé le roi, je vais m'empresser de réparer cette erreur, et de le supplier de vouloir bien vous permettre de retourner dans votre famille.

— Merci, monsieur, de l'intérêt que

vous daignez prendre à mon sort, mais toute reconnaissante que je suis des bontés du roi, je n'attendrai pas sa permission pour retourner chez mon père, mon intention étant de quitter à l'instant même ce château, où la haine me poursuit et se plairait à empoisonner tous les instants que j'y passerais encore.

-- Madeleine, vous êtes libre d'agir selon votre volonté, et je m'offre de vous accompagner chez vos parents, afin de vous remettre en leurs mains.

— Gardez-vous d'une telle obligeance, monsieur, dont ne manquerait pas de s'armer la calomnie pour me perdre aux yeux du monde, et laissez la paysanne regagner seule et à pied son paisible village, en n'emportant d'ici que les simples vêtements qui la couvraient lorsqu'elle y est entrée.

— C'est ce que vous avez de mieux à faire, ma mie, et cela le plus tôt possible, fit Hélène.

— Fâcheuse affaire pour vous et vos

amours, marquis, si cette petite reprend la houlette, car vous avez sans doute entendu dire qu'ils fût des rois qui ont épousé des bergères, et s'il arrivait que Sa Majesté rencontrât une seconde fois celle dont vous vous êtes fait le berger fidèle, il pourrait bien se faire qu'il vous l'enlevât pour lui placer la couronne royale sur le front. . Méfiez-vous, cher, méfiez-vous, dit Gontrand en riant aux éclats.

— Monsieur de Bracieux, quel moment m'indiquez vous pour me convaincre que vous maniez l'épée avec autant de hardiesse que l'ironie et l'impertinence ?

— Au nom du ciel, messieurs, vivez en paix et amis, gardez-vous d'exposer votre vie pour une misérable fille telle que moi; je vous en conjure, réconciliez-vous et oubliez-moi; moi qui vais m'éloigner, dont vous n'entendrez plus parler; ah! je vous en conjure, faites qu'en quittant cette demeure, où sa présence a jeté involontairement le trouble, la pauvre Madeleine n'emporte pas l'affreuse pensée que le sang de deux amis a coulé pour elle ! s'écria Madeleine d'une voix suppliante et les mains jointes.

— Calmez-vous, Madeleine, et gardez-vous de vous accuser du mal qui devra résulter de mon inimitié avec M. de Bracieux, dont je veux châtier les mauvais procédés à mon endroit, fit le marquis.

— Inimitié qui certes n'aurait jamais existée, si le malheur n'était venu jeter entre deux amis cette belle demoiselle, cette pomme de discorde, dit avec ironie Hélène de Bracieux, en indiquant dédaigneusement la pauvre Madeleine, Madeleine qui, humiliée, au désespoir, se leva vivement du siége, où elle pleurait, pour quitter la chambre d'un pas rapide; action à laquelle le marquis allait s'opposer, craignant que le degré de surexcitation auquel était en proie la jeune fille ne la poussât à quelque acte désespéré, mais qu'Hélène retint forcément dans la chambre, en fermant vivement la porte à double tour derrière Madeleine et en arrachant la clef de la serrure pour courir la jeter par la fenêtre en s'écriant avec audace :

— Suivez-la donc maintenant !

CHAPITRE SIXIÈME

VI

Madeleine, la tête perdue, s'était empressée de quitter le château et de se jeter dans la campagne, pour gagner la forêt le sentier étroit et solitaire dont elle connaissait les détours, lequel devait la conduire à son village, et à la maison de ses parents.

Notre jeune fille, craintive d'être poursuivie, marchait d'un pas rapide en tournant souvent la tête, ce qui fut cause qu'en se heurtant dans les buissons qui bordaient le sentier, elle y laissait à chaque fois accrochés aux épines quelques lambeaux de la robe de fine mousseline dont elle était revêtue.

Madeleine, grâce à sa course rapide,

approchait de son hameau dont la cloche de l'église, qui tintait à ce moment, vibrait agréablement à son oreille, lorsqu'en quittant un sentier pour entrer dans un autre, elle se trouva face à face avec un petit jeune homme dans lequel elle reconnut aussitôt Éloi, le garçon perruquier et son ci-devant amoureux.

— Éloi ! fit la jeune fille.

— Madeleine ! s'écria Éloi avec surprise. Où allez-vous donc comme ça, ma belle demoiselle ?

— Chez mon père et ma mère, Éloi, pour vivre auprès d'eux et ne plus les quitter.

— Quoi, vous venez vous refaire paysanne, vous qu'on dit être devenue une grande demoiselle, bien savante, bien coquette !

— Oui, Éloi, je reviens loin des méchants, des orgueilleux, des jaloux, recevoir les caresses de ma famille et goûter le repos auprès d'elle pour ne plus la quitter.

— Oh! oh! à ce qu'il paraît on ne vous a pas rendu bien heureuse là-bas?

— Non Éloi, je n'y ai pas été heureuse, soupira Madeleine.

— Eh bien, vous me croirez si vous voulez, Madeleine, mais je m'en doutais, aussi n'est-ce pas sans en éprouver un vif regret et avec la conviction que vous nous reviendriez un jour, que je vous ai vue abandonner vos bons et braves parents pour suivre ces nobles si fiers, si dédaigneux envers le pauvre monde comme nous, que le hasard de la naissance n'a point fait leur égal... Ah çà, contez-moi donc...

— Éloi, je n'ai rien à vous conter; qu'il vous suffise de savoir que ne me trouvant pas à ma place au château, et ayant eu le malheur de ne pas me faire aimer de mademoiselle Hélène de Bracieux, je me suis décidée à lui éviter le désagrément que lui causait ma présence en m'éloignant de sa demeure.

— Oh ! cela ne surprendra personne qu'elle vous aie vue d'un mauvais œil cette fière demoiselle, car chacun la sait méchante et la déteste à qui mieux mieux... Allons, consolez-vous, Madeleine ; ne pleurez pas ainsi et prenez mon bras pour vous aider à gagner le village, où chacun va vous faire bonne mine et bon accueil.

Madeleine ne répondit que par un

soupir pénible aux paroles d'Éloi sous le bras duquel elle passa le sien pour faire quelques secondes plus tard son entrée dans la chaumière de ses parents, au cou desquels elle se précipita en larmes pour les embrasser.

— Toi, chez nous, fillette ! Toi en pleurs, désespérée ! qu'as-tu, mon enfant ? que t'est-il arrivé ? demandait avec empressement la mère Lambert en pressant sur son sein sa fille que la douleur suffoquait.

— Oui, conte-nous ça, chère fille, n'ai pas peur, dit à son tour Lambert.

— Pardienne, il y a qu'étant malheureuse comme les pierres dans ce beau château, votre fille l'a quitté pour revenir chez vous, fit brusquement Éloi.

— Comment, ces gens t'ont rendue malheureuse, chère petite ? Toi si douce, si avenante avec tout le monde, toi la protégée de notre seigneur le roi ; corbleu ! en v'la du vilain monde ! s'écria Lambert avec colère.

— Fillette, raconte-nous ce qu'ils t'ont fait, ces vilains seigneurs, qui à les entendre devaient faire de toi la fille la plus heureuse du monde, interrogea dame Lambert.

— Oui, Madeleine, dites tout ça à vos parents et comme je pourrais vous gêner, je m'en vas tout en vous disant que vous pouvez compter sur mon amitié et mon dévouement si jamais vous aviez besoin de mes services. Ayant dit, Éloi pressa amicalement la main de Madeleine et s'éloigna aussitôt après.

La jeune fille, restée seule avec ses parents et pour satisfaire leur impatiente curiosité, s'empressa de leur raconter tout ce qu'elle avait enduré de mépris, d'humiliations au château, les poursuites coupables dont n'avait cessé de l'importuner le vicomte de Bracieux, et de les instruire de la haine que lui témoignait Hélène à chaque instant du jour, quoiqu'elle eût tout fait pour mériter l'estime et l'affection de cette jalouse et méchante fille qui l'accusait de lui avoir ravi le cœur du marquis de Vardes son prétendu.

— Quoi ! ce vicomte de malheur cherchait à t'en conter. Ah ! cette demoiselle t'a pris en grippe et te rendait malheureuse ! Mais ! la baronne quoi qu'elle disait de tout ça ? demanda Lambert.

— La baronne, mon père, ignorait tout le mal que me faisaient ses enfants, et n'a pas cessé un seul instant d'être bonne envers moi.

— Bah ! tout cela sont de mauvaises gens, car si la baronne t'avait aimée franchement et porté intérêt elle se serait fort bien aperçu que son libertin de fils et sa piegrièche de fille ne te rendaient pas heureuse. Madeleine, tout ceci nous prouve qu'il y a imprudence à de pauvres gens comme nous, à vouloir sortir de leur condition et que le contact des gros est un véritable casse-cou pour les petits. Aussi, tu ne nous quitteras plus, mon enfant; ton père et moi ne se souciant nullement d'exposer la vertu de leur enfant aux entreprises de tous ces seigneurs endurcis et libertins, qui se croyent tout permis envers les pauvres filles du peuple.

— Oh! non, ma mère, je ne vous quitterai plus! s'écria Madeleine du fond du cœur.

— Noblesse infâme! tyrans du pauvre

peuple ! je te maudis ! Mais il n'arrivera donc jamais ce jour tant désiré où il nous sera permis de vous fouler sous nos pieds, d'écraser l'orgueil de ces insolents seigneurs qui, non contents de nous faire leurs bêtes de somme, nous abreuvent encore d'humiliation et se jouent de l'honneur de nos familles.

— Mon père, il ne faut pas ainsi les maudir tous, car parmi la noblesse il est des cœurs nobles et généreux, dit Madeleine.

— Oui, ton monsieur de Vardes, n'est-ce pas, mais qui te dit que sous les dehors d'un homme bon et délicat, et afin de mieux t'attraper, il ne cache pas de mauvais dessins !

— Non, mon père, monsieur le marquis de Vardes est un homme loyal et franc, et l'amitié qu'il a pour moi est aussi sincère que délicate.

— Fillette, je lis dans ta pensée que tu n'es pas restée indifférente aux soins que ce seigneur s'est plut à te rendre.

Prends garde, mon enfant; réfléchis bien, avant d'engager ton cœur tout entier, à la distance qui te sépare de ce jeune homme, dont l'oncle est le seigneur le plus fier, le plus sévère de ce canton, un homme qui préférerait savoir son neveu mort que de le voir contracter une mésalliance. Enfant, monsieur de Vardes, en pareille circonstance, n'a donc à t'offrir que le titre de sa maîtresse et ce titre ne te conviendrait pas, j'en suis certaine.

— Vous avez raison, ma bonne mère; plutôt la mort que le déshonneur, telle est la pensée de votre fille, sa ferme conviction, répliqua Madeleine avec énergie.

— Tu as raison, Madeleine, souviens-toi toujours, chère petite, que la sagesse est le plus bel ornement d'une jeune fille et qu'elle ne peut jamais faillir lorsqu'elle est guidée par une maîtresse aussi prudente que la vertu.

— Mes chers et bons parents, soyez

sans inquiétude sur le compte de votre fille, à laquelle, en lui donnant la vie, vous avez encore inculqué le germe de cette vertu, qui, en grandissant avec elle est devenue la sauvegarde de son honneur.

Comme Madeleine prononçait ces derniers mots, la porte de la chaumière s'ouvrit brusquement et le marquis apparut pâle et tremblant aux yeux de nos trois personnages qui s'empressèrent de se lever à sa vue.

— Vous ici, monsieur ? fit Madeleine interdite.

—Oui, moi, Madeleine, moi qui, horriblement inquiet de votre sort, vous ai cherché en tous lieux depuis votre fuite du château et s'estime en ce moment l'homme le plus heureux du monde en vous retrouvant au milieu de votre chère et honnête famille, répondit le marquis d'une voix émue.

—Monsieur le marquis, Madeleine nous a tout appris et même fait part de sa résolution, de rester désormais auprès de nous, ses amis, ses protecteurs naturels ; or donc, c'est une peine inutile que vous vous êtes donnée si vous venez ici pour l'engager à retourner à ce château maudit, où elle n'aurait jamais dû mettre les pieds, si nous avions été sa mère et moi, des parents plus prudents et plus jaloux du repos et de l'honneur de notre enfant.

— Lambert, je suis venu ici afin de tranquilliser mon cœur sur le sort de

Madeleine et vous supplier de la garder chez vous et surtout de bien veiller sur elle, afin de déjouer les coupables entreprises du vicomte de Bracieux, si jamais cet homme indigne autant qu'audacieux osait tenter de se rapprocher d'elle, dans le but de lui imposer la séduction et le déshonneur.

— C'est ce que nous comptons faire, monsieur, mais veuillez encore nous dire quelles sages précautions il nous faut de même prendre contre vous, qui dites aimer Madeleine et ne pouvez en faire votre femme ? interrogea la mère Lambert.

— Madame, n'ayez, de grâce, nulle méfiance de moi, qui aime Madeleine d'un amour aussi vif que sincère, qui est jaloux de son honneur autant que du mien, Madeleine que je révère, à laquelle j'ai juré un amour, un dévouement, un respect éternel et de prendre pour ma femme, si, confiante en mes promesses, elle daigne me garder son cœur et attendre que le temps m'ait rendu libre de disposer de ma personne et de ma main ; Madeleine que je place sous votre sauvegarde jusqu'au jour où il me sera permis de vous la demander en mariage.

— Jarni, monsieur le marquis, voilà de bien beaux sentiments qui nous honorent fièrement et si la fillette est de votre avis, nous consentons de grand cœur à vous la conserver telle qu'elle est aujourd'hui, c'est-à-dire, digne de devenir la femme d'un honnête homme, répliqua Lambert émerveillé.

— Enfant, réponds, fit à son tour la mère ; as-tu confiance dans les belles paroles que vient de nous faire entendre M. le marquis et consens-tu d'en attendre l'effectif ainsi qu'il en témoigne le désir ?

— Monsieur, en vous engageant ainsi que vous venez de le faire, vous n'avez peut-être pas réfléchi que, dépendant de la volonté de votre oncle et tuteur, il viendra un jour où la vôtre sera forcée de plier et d'accepter dans une fille de haute condition l'épouse qu'il vous imposera.

— Jamais ! répondit le marquis avec énergie, aux paroles de Madeleine.

— Jamais, dites-vous ; erreur, monsieur, car si cette jeune fille, aux avantages que donne la naissance et la fortune, réunit les qualités du cœur à la beauté, pourrez-vous résister, demeurer insensible? Non, parce que séduit, pressé de toute part, après avoir établi une comparaison entre la noble demoiselle et la simple paysanne qui n'a que son cœur à vous offrir, vous ne pourez hésiter, et vous sacrifierez la simple fille en faveur de l'amour-propre et de l'opinion du monde.

— Madeleine, vous me voyez aussi surpris que peiné de vous entendre exprimer ainsi ; hélas ! je pensais valoir mieux dans votre cœur et que mes paroles, mes serments, le respect que je vous ai sans cesse témoigné ne devaient vous laisser aucun doute sur la pureté, la sincérité de mes sentiments. Madeleine, que vous ai-je dit, répété maintes fois : que mon amour pour vous était extrême, que jamais autre femme que vous n'aurait d'empire sur mon cœur, et insouciante envers mes paroles, vous doutez, doutez encore ! Mais que faut-il donc pour vous convaincre ? s'écria le marquis.

— C'est au temps, monsieur, qu'il faut laisser cette tâche ; quant à moi, c'est ici, au sein de ma famille, dont je ne veux ni ne dois plus me séparer, que j'attendrai ce qu'il plaira à Dieu de m'accorder.

— Madeleine, j'approuve votre résolution ; oui, restez près des auteurs de vos jours, abritée sous leur protection, puis attendez et espérez, ma bien-aimée.

— C'est dit, Madeleine attendra et vous pouvez vous reposer sur moi, monsieur le marquis, du soin de veiller sur elle, de la garantir des peines et des dangers qui pourraient porter atteinte à son honneur comme à son repos, et le jour où vous serez libre de la prendre pour femme, venez sans crainte nous la demander et nous vous la donnerons aussi belle et aussi sage qu'elle est aujourd'hui, dit Lambert.

— Merci, Lambert! et maintenant, accordez-moi la permission de venir en secret, mais en votre présence, saluer quelquefois ma belle future.

— Monsieur le marquis, nous avons, certes, une grande confiance en votre délicatesse, mais ne craignez-vous pas qu'il en soit de même de la part des autres et que la présence d'un grand seigneur chez de pauvres gens comme nous, ne nuise à la réputation de notre fille? observa judicieusement la mère Lambert.

— Tu raisonne, juste, femme, d'autant plus qu'il y a dans le village plus d'un jaloux qui ne manquerait pas de jaboter sur le compte de Madeleine s'il voyait monsieur venir ici.

— Je comprends vos scrupules, Lambert et, autant que vous, je tiens à ce que Madeleine soit respectée, à ce que sa réputation ne reçoive aucune atteinte fâcheuse ; aussi, mon intention est-elle de vous faire quitter ce hameau pour aller habiter une terre que je possède à deux lieues d'ici, cela en qualité de fermier, et, où je pourrais vous visiter quelquefois sans courir le risque d'élever de fâcheux soupçons. Je vous offre ce fermage, Lambert, en la ferme conviction que la baronne de Bracieux, à l'instigation haineuse de sa fille Hélène, ne tardera pas à vous retirer la place qu'elle vous a donnée dans sa maison.

— Ça, je m'y attends, monsieur le marquis; et comme quelque chose me disait tout bas que je n'occuperais pas longtemps ce poste, jusqu'alors je me suis abstenu d'en prendre possession ; partant de là, je suis donc tout à votre service quand il vous plaira de m'y attacher.

De Vardes resta encore une heure entière près de Madeleine, afin de la bien convaincre de la sincérité de son amour pour elle et de ses bonnes intentions à son égard, puis, la voyant souriante et tranquille, il s'éloigna en emportant la confiance de Lambert, celle de la mère et le cœur de leur jolie fille, qui ne le vit pas s'éloigner sans soupirer tout bas.

Instruite presqu'aussitôt que Madeleine avait quitté le château, la baronne entra dans une violente colère contre son fils et sa fille, qu'elle accusait avec raison d'être la cause du parti désespéré qu'avait pris la jeune fille de s'éloigner aussi vivement et sans même l'en avoir prévenue.

— Si nous perdons notre procès, si

un jour nous sommes contraints de quitter ce château qui vous a vu naître, pour aller cacher notre pauvreté dans quelque lointaine province, n'en accusez que votre sot orgueil, vous qui venez de briser la seule planche de salut en laquelle je plaçais tout mon espoir, vous qui, par vos coupables procédés, vous êtes fait un ennemi de la main dont le roi aurait accueilli avec bienveillance la supplique que je me proposais de lui adresser, de celle enfin qui si jamais le roi vient à l'interroger, sera en droit de lui répondre que n'ayant rencontré que la haine et l'insulte sous le toit de la baronne de Bracieux, dans cet asile où elle espérait trouver le bonheur, elle été forcée de s'en échapper, afin d'échapper à la séduction dont la menaçait le fils, à l'orgueil insultant dont l'accablait la fille, disait la baronne avec colère.

— Çà, madame, où diable avez-vous pris que cette Madeleine fût tant en faveur auprès du roi, qui sans nul doute ne pense plus à elle? Dans les sots discours du marquis de Vardes, n'est-ce pas? qui, amoureux de cette paysanne, s'imagine, que le monde entier s'en occupe, que sa majesté le roi lui octroierait grâce sur grâce, si elle daignait lui montrer de nouveau son visage. Erreur, chère mère; à la cour on est fort oublieux, vous en savez quelque chose, et je suis certain que si Madeleine s'y présentait aujourd'hui, en qualité de protégée de sa majesté royale, ce serait miracle si elle dépassait les antichambres, où l'accueillerait seule la valetaille du château.

— Je pense ainsi que vous, mon frère et je me demande ce que cette manante a de si merveilleux pour qu'un roi daigne s'occuper d'elle. Sa figure est passable, j'en conviens, mais voilà tout, et le reste est d'une gaucherie qui sent la chevrière dans toute sa rusticité, fit Hélène avec dégoût.

— Et cependant, chère sœur, toute rustique qu'elle est, la fine mouche vous a soufflé votre amoureux, dit Gontrand en riant.

— Dites que le marquis a trouvé plaisant de s'amuser de cette fille et vous serez dans le vrai.

— Assez de médisance, d'injures, Hélène, et disposez-vous à m'accompagner chez les parents de Madeleine, où elle a dû se retirer, afin de vous réconcilier avec elle et de la décider à revenir au château, fit la baronne avec sévérité.

— Ma mère, je vous respecte et vous dois obéissance, mais ce que vous exigez est impossible, je déteste cette fille et vouloir la ramener ici serait prétendre m'en chasser, répliqua sèchement Hélène.

— Hélène, faites ce que je vous demande en l'intérêt de notre avenir et je vous promets qu'aussitôt que par sa protection nous aurons eu gain de cause dans le procès qui nous menace d'une ruine complète, de congédier cette fille.

— Notre mère a raison, et je pense ainsi qu'elle. Il faut ramener Madeleine au château.

— Pour que vous la courtisiez de nouveau et que le marquis vous cherche querelle encore? observa Hélène.

— Quoi, vous seriez-vous querellé avec le marquis, Gontrand? demanda vivement la baronne.

— Non, seulement quelques paroles un peu vives que de Vardes et moi avons échangées et aussitôt oubliées.

— Ce qui est heureux, mon fils, car je verrais avec chagrin s'élever entre vous et le marquis une inimitié qui éloignerait ce jeune homme de notre maison et nous nuirait fort dans l'esprit de son oncle dont le puissant crédit peut nous devenir nécessaire un jour.

— Madame ma mère, vous me permettrez de vous faire observer qu'avec votre système de ménager tout le monde, tout le monde se croira bientôt en droit de nous manquer impunément de respect.

— Chez vous, mon fils, cette malheureuse manie de rire de tout et de fronder les gens, après nous avoir fait de tous nos amis autant d'ennemis, nous deviendra fatale un jour, croyez-en mon expérience,

Maintenant, ajouta la baronne en s'adressant à sa fille, consentez-vous enfin, mademoiselle, à m'accompagner chez Madeleine ?

— Non, ma mère ; je ne me sens ni le courage, ni la force de m'humilier à ce point. Il ne sera pas dit qu'Hélène de Bracieux aura oublié sa dignité au point d'aller mandier le pardon d'une fille de rien, d'une gardeuse de moutons.

— Alors, j'irai seule, non pour ramener Madeleine ici, où l'attendraient de nouvelles insultes de votre part, mais bien pour l'apaiser et la disposer à m'accompagner incessamment à Versailles, où je désire qu'elle présente elle-même au roi le placet que je me propose de rédiger.

— Décidément, vous persévérez, madame ma mère, à voir en cette fille, l'ange tutélaire de notre maison! fit Gontrand.

— Et moi, je persévère à ne voir en elle qu'une pomme de discorde, que, d'après les conseils de M. de Vardes, il a plut au roi de lancer au milieu de nous, dit Hélène.

Quelques heures plus tard, le carrosse de la baronne s'arrêtait une seconde fois à la porte de la chaumière des Lambert, dans laquelle pénétrait la baronne, à la rencontre de qui accourait Madeleine.

— Te voilà donc, vilaine fille, qui m'abandonne sans pitié, sans daigner seulement m'adresser un mot d'adieu ?

disait la dame en embrassant la jeune fille.

— Hélas ! daignez me pardonner, madame, vous qui n'avez cessé d'être bienveillante pour moi, vous de qui mon cœur reconnaissant gardera un éternel et tendre souvenir.

— Madeleine, est-ce sérieusement que tu nous a quittés et dois-je perdre l'espoir de te revoir jamais parmi nous ?

— Madame la baronne, je me dois à mon père, à ma mère que mon absence et l'isolement attristent, dont l'âge exige ma présence et mes soins. Permettez donc que je remplisse la mission que m'impose le devoir en restant auprès d'eux.

— J'admire ta noble et sainte résolution, Madeleine, et vouloir la combattre, chercher à te ravir une seconde fois à tes bons parents serait une faute que je ne commettrai pas. Reste donc au milieu de ta chère famille, où mes bienfaits viendront te trouver, où tu recevras souvent les preuves d'une amitié sincère et dévouée.

— Oh! combien vous êtes bonne, madame, fit Madeleine en portant à ses lèvres la main de la baronne.

— Certes! et si chez vous tout le monde vous ressemblait, madame la baronne, Madeleine n'aurait eu garde de vous quitter, fit Lambert.

— Mon père, n'accusez personne, de grâce! dit Madeleine d'une voix suppliante.

— Pourquoi, enfant, ne te justifierais-tu pas mieux que tu ne le fais et laisserais tu peser sur toi un soupçon d'ingratitude, plutôt que d'avouer franchement à madame la baronne qui semble l'ignorer, que si tu t'es enfuie de son château, ce n'a été que pour te soustraire aux chagrins, aux humiliations dont ne cessait de t'abreuver mademoiselle Hélène de Bracieux? dit la mère impatiente.

— Je sais cela, mes amis ; mais loin

de m'adresser de justes reproches, plaignez une pauvre mère que des enfants indociles ne cessent d'affliger en se révoltant contre sa volonté, en éloignant d'elle, par d'injustes procédés, tous les amis dont elle aimerait à se voir entourée.

—Madame, je n'accuse personne moi, je vous aime, vous honore et vous supplie d'oublier ce que viennent de dire mes parents, de leur pardonner les plaintes que leur arrache l'amour qu'ils me portent, eux qui voudraient tant me savoir heureuse !

— Madeleine, tu es un ange, et le roi fait bien en s'intéressant à toi, aussi ne voulant pas qu'il t'oublie, chère fille, je veux que tu m'accompagnes dans la visite que je me propose de lui faire à Versailles très-prochainement; oui, je veux qu'il te voie, qu'il reconnaisse sa jolie protégée et la comble de ses royales faveurs.

— Merci, madame, de vos généreux

projets en ma faveur, mais comme une pauvre fille telle que moi serait fort déplacée à la cour d'un roi et fort embarrassée pour lui répondre, veuillez me dispenser de cette démarche et de laisser dans son village, au milieu de son père et de sa mère, la simple fille que Dieu n'a point créée pour le palais des rois.

— Madeleine, oubliez-vous que vos parents sont pauvres, que votre père, que l'âge affaiblit, succombe chaque jour sous le poids du travail, et, lorsqu'un bonheur inespéré vous a révélée au maître de la France, et qu'il daigne s'intéresser à vous, vous refuseriez la protection qui peut les combler de ses bienfaits? Mais alors, il y aurait ingratitude et folie de votre part, mon enfant, dit avec feu la baronne, que contrariait fort le refus de Madeleine.

— Madeleine, madame la baronne a raison, fit Lambert; il ne faut jamais jeter à ses pieds ce qu'on tient à ses mains.

— Et moi j'approuve notre fille, mon homme, dans le refus qu'elle fait d'aller à la cour, où le roi, bien sûr, ne daignerait seulement pas la regarder, quoi qu'en dise madame la baronne, dont le cœur se plaît à croire tous les autres aussi bons que le sien.

— Mère Lambert, vous augurez mal de la bonté du prince, mais moi qui le connais, moi qui sais qu'il n'oublie jamais les gens auxquels il a promis sa protection, j'exige de votre amitié, de votre confiance en moi, que vous laissiez Madeleine venir à Versailles, d'où je vous la ramènerai comblée des faveurs du roi ; dame Lambert, c'est à ce prix que je mets la continuation de l'estime et de l'intérêt que je vous ai porté jusqu'à ce jour. Enfin, réfléchissez qu'un plus long refus de votre part et de celle de Madeleine m'indisposerait contre vous pour la vie.

— Je cède, madame, car votre estime nous est chère et précieuse, mais surtout, en éloignant de nous notre enfant bien-aimée, veuillez veiller sur elle comme vous veilleriez sur votre propre fille, dit la mère Lambert qui, en cette circonstance, cédait plus à la crainte qu'inspirait en ce temps-là la noblesse aux malheureux roturiers, qu'à tout autre sentiment.

Quant à Madeleine, voyant céder sa mère et sachant son père de l'avis de la baronne, il ne lui restait plus qu'à s'incliner en soupirant devant ces suprêmes volontés.

— Fort bien! je vais tout disposer pour notre prochain départ, ma chère Madeleine, et je vous ferai prévenir la veille qu'il devra avoir lieu ; et maintenant, au revoir, mes amis, et à bientôt, termina la baronne en se retirant après avoir de nouveau embrassé Madeleine.

— En vérité, j'ai vu l'instant où, pour obtenir de ces manants le droit de disposer de leur fille, j'allais être contrainte de m'abaisser jusqu'à la prière. Mais patience ; que j'obtienne par le moyen de cette fille la faveur importante que je vais solliciter, et aussitôt après, je forcerais ces Lambert à quitter le pays.

Ainsi murmurait la baronne en roulant vers son château.

CHAPITRE SEPTIÈME.

VII

Huit jours se sont écoulés depuis que Madeleine est revenue dans sa famille, depuis la visite que lui a faite le marquis de Vardes, ainsi que la baronne de

Bracieux ; depuis enfin que, se croyant oubliée du vicomte et d'Hélène, notre jeune fille respire en paix tout en vaquant aux soins du ménage et en attendant la venue du marquis, dont elle trouve l'absence beaucoup trop prolongée. Une seule chose cependant afflige et inquiète fortement Madeleine, c'est de n'avoir pas encore, depuis son retour, reçu une seule visite amicale de ses compagnes du village et de voir les visages se détourner à sa vue, les portes de chacun se fermer sur son passage.

— Mon Dieu ! aurais-je donc commis une faute qui me mériterait cette indifférence, cet abandon, ou me croit-on devenue trop fière pour qu'on n'ose me parler ? demandait Madeleine à sa mère.

— Rien autre chose que la jalousie, ma mignonne, qui indispose tout le village contre toi, mais n'aie pas l'air d'y prendre garde, et tu les verras revenir plus câlins que jamais.

Ainsi parlait dame Lambert, lorsqu'Éloi entra d'un air tout soucieux pour venir presser la main de la mère ainsi que celle de la fille.

— Qu'avez-vous donc, Éloi ; vous paraissez tout triste, ce matin ? demanda la mère Lambert.

— Rien pour mon compte, ce qui ne m'empêche pas d'être furieux après tous les gens du village ; un tas d'imbéciles qui prennent pour vérité tous les méchants propos que les gens du château se plaisent à répandre ici depuis quelques jours.

— Sur moi, n'est-ce pas, Éloi ?

— Je n'ai pas dit cela, Madeleine.

— Non, mais sur quelle autre personne, mademoiselle Hélène de Braucieux aurait-elle intérêt à déverser la calomnie. Elle me déteste et me frappe lâchement. Éloi, ne craignez pas de m'instruire de ce qu'on dit ; parlez, mon ami, je vous en supplie !

— Oui, conte-nous cela, garçon, fit la mère Lambert.

— Vous le voulez absolument? Eh bien! votre demoiselle Hélène fait dire à qui veut l'entendre que vous êtes la maîtresse de M. le marquis de Vardes, avec lequel vous avez été surprise par elle et son frère en tête-à-tête dans votre propre chambre à coucher au momen où il vous embrassait, et que mademoiselle Hélène, outrée de l'impertinence avec laquelle vous répondiez à ses justes reproches, vous a fait chasser honteusement du château. Voyons, Madeleine, il ne faut pas pleurer ainsi, car il n'y a que les niais et les jaloux qui ajoutent foi à ces vilaines menteries. Mais aussi, pourquoi avez-vous exigé que je vous les répète?

— Mensonges! calomnies! Éloi, ma fille est incapable d'avoir failli à l'honneur, et de l'aveu de madame la baronne, qui est venue la chercher ici et la prier de revenir chez elle, Madeleine, que cette méchante Hélène rendait malheureuse comme pierre, a quitté le château de son propre gré.

— Ma mère vous dit la vérité, Éloi, affirma Madeleine en sanglotant.

— Allons donc! est-ce que j'ai besoin qu'on m'affirme que vous êtes une brave et honnête fille pour le croire? Est-ce que je ne vous connais pas, moi, Madeleine? Laissez dire les méchants, et quand ils verront que cela ne vous occupe en rien, ils finiront par taire leurs langues de vipère. D'ailleurs, où serait le mal quand vous aimeriez le marquis de Vardes, qu'on cite dans tout le pays comme le meilleur et le plus loyal des seigneurs, lequel, ajoute-t-on encore, ne demanderait pas mieux que de vous prendre pour femme s'il n'en était empêché par son oncle qu'on dit être un vieux coriace auquel on ne peut faire entendre raison.

— Éloi, je vous remercie de la bonne opinion que vous avez de moi, et cela est d'autant plus noble et généreux de votre part, que vous m'avez aimée et que j'ai repoussé l'hommage de votre cœur, le titre de votre femme.

— Sans compter, Madeleine, que je vous aime encore tout autant, mais en silence, afin de ne pas vous ennuyer ni de faire rire à mes dépens, et cela depuis que je me suis mis à raisonner mon cœur et à me dire : Qu'es-tu, Éloi ?... Un simple garçon perruquier n'ayant pour tout bien que ton rasoir, ta houpette et ton peigne; tout cela te rapporte, bon an, mal an, cinquante écus au plus, et avec un aussi maigre avoir, tu oses aimer et prétendre à la main d'une belle et bonne fille comme Madeleine, si bien éduquée qu'elle marche de pair avec les grands seigneurs! Mais tu es fou, mon bonhomme, archi-fou! Tais-toi, manant, souffre et soupire en silence, à moins qu'il ne te plaise de devenir la risée de chacun. Là dessus, Madeleine, j'ai pris mon courage à deux mains, je me suis fabriqué un petit sourire que tout le monde prend pour du vrai, ce qui fait que chacun dit : Ce pauvre Éloi, il est toujours content ; mon Dieu qu'il a bien fait d'oublier Madeleine.

En terminant ces mots, Éloi se retourna pour essuyer furtivement une larme qui, malgré lui, était venue perler sur sa paupière.

— Bon Éloi, vous souffrez et j'en suis la cause ! Ah ! pardonnez-moi, mon ami, pardonnez-moi ! fit Madeleine en tendant la main au jeune homme qui la pressa avec effusion.

— Bah! n'écoutez pas ce que je dis; je suis un sot qui ferais beaucoup mieux de se taire que d'affliger ses amis par son ridicule bavardage. Or, laissons tout cela, et comptez sur moi, Madeleine, pour démentir et rosser d'importance ceux qui se permettraient d'élever les moindres doutes sur votre sagesse et votre innocence.

Laissons le bon Éloi en compagnie de

Madeleine et de la mère Lambert, et quittons le village de notre héroïne pour nous transporter à deux lieues de là et nous introduire dans le château du comte de Charly, oncle et tuteur du marquis de Vardes, grand homme sec osseux, à la mine grave, au regard fin, scrutateur, et affligé d'une soixantaine d'années.

Au moment où nous pénétrons dans son cabinet, le comte est en train de parcourir une lettre qu'un valet vient de lui apporter. En lisant, les yeux du vieux seigneur prennent une expression de colère, ses lèvres blêmissent et ses mains froissent avec colère le papier de la missive.

— Mon neveu est-il au château? s'informe-t-il d'une voix brève au valet qu'il vient d'appeler.

— Oui, monsieur le comte, monsieur le marquis est de retour de la chasse depuis une demi-heure.

— Prévenez-le que j'ai à l'entretenir

et qu'il se hâte de se rendre auprès de moi.

Quelques minutes après, le marquis s'asseyait sur le siége que lui indiquait son oncle.

— Monsieur, écoutez la lecture de la singulière lettre anonyme que je reçois à l'instant, et vous me direz ensuite si l'accusation absurde qu'elle contient est ou n'est point une vérité.

— J'écoute, mon cher oncle, répondit de Vardes inquiet et surpris.

« Monsieur le comte,

» Lambert, garçon jardinier au ser-
» vice de madame la baronne de Bra-
» cieux, vous demande la main de votre
» neveu, le marquis de Vardes, pour sa
» fille Madeleine, petite paysanne dont
» les beaux yeux et l'astucieux manège
» ont su l'ensorceler au point qu'il lui a
» promis le mariage, sans doute en
» compensation des douces et amou-
» reuses faveurs qu'elle lui aura accor-
» dées.

» Si monsieur le comte de Charly
» éprouvait quelque scrupule à don-
» ner son consentement à ce mariage,
» ne trouvant demoiselle Madeleine
» d'assez haute lignée, l'ami qui a tracé
» cette lettre conseillerait alors à mon-
» sieur le comte de Charly de s'empres-
» ser d'éloigner son neveu de l'objet
» dangereux dont il est épris en le fai-
» sant voyager quelque temps, ce qui
» rendrait sans doute le calme à son
» cœur et en chasserait une passion

» aussi honteuse qu'elle est stupide,
» puis mettrait fin aux intrigues de la
» fille éhontée et ambitieuse qui, sor-
» tie de la fange, ose rêver une al-
» liance avec les nobles maisons des
» Charly et des de Vardes. — Avis. »

— Maintenant, mon cher neveu, à vous de me dire ce que vous pensez de cette lettre, dit le comte après avoir lu.

— Que cette lettre, tracée par une main hostile et que je devine facilement, est une odieuse calomnie dirigée contre la fille la plus belle comme la plus digne d'admiration ; enfin, contre celle que le roi a prise en amitié et qu'il couvre de sa puissante protection.

— Cette Madeleine est-elle véritablement une simple paysanne ? s'informa le comte.

— Fille d'un cultivateur, en effet, mais instruite, et belle comme la mère du Christ, dont elle a l'innocence et la pureté.

—Êtes-vous, en effet, amoureux d'elle, ainsi qu'on vous en accuse dans cette lettre?

— Mon oncle, on ne peut voir Madeleine sans l'adorer.

— Lui avez-vous promis le mariage?

— Je lui ai dit, mon oncle, que bien heureux sera celui qui la possédera pour femme.

— Ce n'est pas répondre à ma question, fit le comte avec impatience.

Avez-vous promis à cette fille de l'épouser?

— Je l'ai promis, mon cher oncle.

— Ainsi, vous avez menti de la sorte à cette pauvre fille, afin de mieux l'abuser, et d'étouffer ses scrupules! cela est mal, très mal, mon neveu, d'autant plus que vous convenez que cette fille est honnête. De Vardes, sachez que noblesse oblige; qu'un homme de votre rang ne doit jamais promettre plus qu'il ne peut tenir et surtout avec ses inférieurs, or, je vous ordonne de laisser cette fille en repos et vous défends de la revoir sous peine de m'indisposer sérieusement contre vous.

—Croyez, mon cher oncle, que les injures que contient cette lettre ne sont qu'un tissu d'abominables mensonges, et que Madeleine, par son mérite, ses précieuses et rares qualités est digne en tout de l'estime des gens honnêtes.

— Alors, convenez, de Vardes, que si cette fille est telle que vous la dépeignez il y aurait doublement lâcheté à vouloir la corrompre dans le but de satisfaire un caprice libertin.

— Mais, mon oncle ?

— Assez sur ce chapitre, monsieur, vous m'avez entendu ? Obéissez ! reprit le comte d'un ton de sévérité qui n'admettait aucune réplique.

Le marquis, dans la crainte de nuire à ses amours, n'insista pas davantage et se retira pour s'enfermer chez lui, afin de penser à Madeleine et de maudire Hélène qu'il soupçonnait d'être l'auteur de la lettre adressée à son oncle.

— Oui, c'est en vain qu'on m'ordonne de t'oublier, qu'on cherche à te rabaisser à mes yeux, ma chère Madeleine ! je t'aime, je t'admire et tu seras un jour ma femme bien-aimée en dépit des jaloux et des méchants qui veulent nous séparer ! fit de Vardes la main sur son cœur.

Le lendemain, Lambert et sa femme, qu'une lettre dans laquelle l'intendant d'une grande maison les mandait à la ville pour leur proposer une place avantageuse dans un château situé à trois lieues de leur village, afin de se rendre à cette invitation, avaient laissé Madeleine seule au logis après lui avoir promis en s'éloignant, de hâter leur retour.

La jeune fille, qui n'osait plus se montrer dans le village depuis qu'elle avait eu connaissance des méchants et injustes propos répandus sur son compte, au lieu d'aller, comme jadis, se distraire tout en travaillant, auprès d'une voisine amie, après avoir vu son père et sa mère s'éloigner, s'était retirée dans l'arrière-chambre de la chaumière, et là, assise près de la fenêtre qui donnait sur le jardin, avait pris l'aiguille et s'était mise à l'ouvrage. Madeleine, tout en cousant, pensait au marquis qu'elle n'avait pas revu depuis plusieurs jours, et pour mieux rassurer son cœur sur cette longue absence, se plaisait à reporter son souvenir sur toutes les bonnes paroles, les serments d'amour et de fidélité que son amant lui avait faits en présence de ses parents, lors de sa dernière visite.

— Il m'aime, j'en suis certaine ; oui, il pense à moi, et s'il n'est point encore venu m'en donner de nouveau l'assurance, c'est qu'il n'ose, c'est qu'il craint en renouvelant trop souvent ses visites, d'éveiller la médisance et de troubler mon repos... Oh ! il reviendra ! aujourd'hui, demain sans doute, car, ainsi que moi, il doit souffrir de cette longue et douloureuse séparation, se disait Madeleine au moment où la porte de la chambre dans laquelle elle s'était retirée s'ouvrit brusquement et que le vicomte de Bracieux apparut à ses yeux.

— Vous ici, monsieur ! que venez-vous faire chez de pauvres gens, chez celle que vous et votre sœur avez chassée de votre demeure ? fit Madeleine effrayée en se levant vivement du siége sur lequel elle était assise.

— Sambleu, ma toute belle, je viens vous voir, vous admirer et vous entretenir de l'amour que vos yeux adorables ont été assez cruels pour m'inspirer.

— Evitez-moi un langage, monsieur, que je ne dois ni ne veux entendre, reprit Madeleine avec sévérité.

— Mon bel ange, avouez que nous ne ferions pas autant la rêvêche si c'était le marquis de Vardes qui se fût présenté à ma place et vous tînt ce langage.

— Monsieur de Vardes pas plus qu'un

autre ne serait autorisé à me manquer de respect.

—Ça, toute belle, quoi vous inspire la pensée que je sois venu ici pour vous offenser? Est-ce donc manquer aux égards que tout homme galant doit à une jolie fille, que de lui dire qu'il en est amoureux fou, et désire sa possession, ses caresses?

— Oui, monsieur, car de pareilles faveurs de la part d'une femme honnête ne s'accordent ordinairement qu'à un mari, et que vous ne pouvez devenir le mien.

— Non, certes ! mais on peut être amant et s'adorer toute la vie, ce qui est cent fois préférable au mariage, qui, selon moi, est ce qu'il y a de plus sot et de ridicule au monde, répondait le vicomte tout en s'approchant de Madeleine, pour essayer de l'envelopper de ses bras, action à laquelle la jeune fille su se soustraire en se reculant vivement.

— Ça, belle farouche, il ne sera pas dit que je ne serais venu ici que pour essuyer vos dédains, aussi est-ce, en attendant mieux, un doux baiser qu'il me faut et que j'exige.

— Au nom du ciel, monsieur, retirez-vous ! s'écria la jeune fille pâle et tremblante en fuyant pour se réfugier dans un coin de la chambre.

— Après le baiser, je ne dis pas, mais avant il y aurait faiblesse et turpitude de ma part.

— Monsieur, ne me contraignez pas d'appeler mon père à mon secours.

— Chère belle, de ce village à la ville, où sont en ce moment vos parents, il y a trop de distance pour que les bonnes gens puissent entendre votre voix ; dispensez-vous donc de les appeler en vain et cédez au plus fort.

— Pitié ! monsieur, pitié ! je vous la demande au nom du ciel et de votre mère, disait Madeleine, en luttant avec l'énergie du désespoir contre les attaques du vicomte, qui l'ayant saisie à bras le corps, essayait de la rendre victime de ses brutales et libertines caresses.

— Au secours ! à moi ! se mit à crier Madeleine désespérée, surtout en sentant fléchir ses forces et les lèvres de Gontrand souiller les siennes de leur contacte afin d'étouffer sa voix. Madeleine, suffoquée, près de s'évanouir, allait devenir la victime de la brutalité du vicomte lorsque la porte s'ouvrit impétueusement et que le marquis de Vardes apparut pour bondir sur Gontrand et le terrasser.

— Misérable! ta vie en échange de ton infamie, s'écriait de Vardes en serrant la gorge du vicomte qu'il tenait cloué sur le sol. Madeleine s'est enfuit mais pour courir appeler du secours et attirer des gens du village, lesquels pénètrent dans la chaumière et s'empressent de séparer les deux rivaux qui, dans leur fureur, se roulaient à terre, et, faute d'armes, se meurtrissaient avec les mains, et qu'après avoir relevés et séparés les paysans ne contenaient qu'à grande peine.

— Malheur à toi, de Vardes! car je te tuerai sans pitié! s'écriait Gontrand exasperé en suant la rage par tous les ports.

— Tu es un lâche, vicomte de Bracieux ; oui, lâche est celui qui profite de la faiblesse et de l'isolement d'une faible femme pour tenter de la déshonorer, répliqua le marquis.

— Cette fille est ma maîtresse et je n'étais ici que d'après son consentement.

— Vous mentez! vicomte de Bracieux, car je vous déteste et vous méprise ; vous mentez! car c'est vous qui êtes venu me surprendre ici comme un larron d'honneur pour m'imposer la violence, s'écria Madeleine indignée.

— Ne vous justifiez pas, Madeleine, méprisez les accusations de ce vil impertinent dont mon épée arrachera la langue vénimeuse. Vicomte de Bracieux, il faut que l'un de nous cesse d'exister aujourd'hui. Cette fois auras-tu le courage de croiser ton épée contre la mienne.

— Mieux encore, celui de te l'enfoncer dans le cœur jusqu'à la garde, et de me réjouir ensuite de ta mort avec cette fille dont les caresses couronneront ma victoire.

— Avant qu'il en soit ainsi, monsieur le vicomte, moi, votre vassal, je vous aurai arraché le cœur de mes mains, fit Lambert en venant se placer fier et menaçant face à face avec Gontrand.

— Fais donc en sorte, manant, d'effectuer tes menaces avant que mes valets ne t'aient fait mourir sous le bâton, ainsi que je vais leur en donner l'ordre.

— Lambert, prends garde, mon homme, ce misérable, après nous avoir éloignés de notre fille sous un faux prétexte, afin de la violenter, est capable, ainsi qu'il le dit, de te faire assassiner, s'écria la mère Lambert, dans les bras de laquelle sa fille s'était réfugiée en larmes et toute tremblante.

— Ne crains rien, Lambert, car si tant seulement le méchant seigneur détesté de tout le pays osait faire tomber un cheveu de ta tête d'honnête homme, il aurait affaire à nous tous, dit un robuste paysan en roulant de gros yeux au vicomte, puis ensuite s'adressant au marquis : Mon bon seigneur, dit-il, nous faisons tous des vœux pour vous : tuez-nous ce chien enragé et toute notre contrée vous en aura obligation.

— Vil manant! ose-tu bien parler ainsi? Ne sais-tu pas que je puis de faire pendre, reprit Gontrand furieux.

— Alors dépêchez-vous, mon seigneur, car votre procès tourne mal pour vous et les huissiers ne peuvent tarder à vous faire déguerpir de votre château, et ce n'est pas un gentilhomme ruiné qui peut avoir assez de crédit pour faire pendre un honnête homme, fit un autre paysan à l'air madré et narquois.

— Mes amis, laissez monsieur le vicomte se retirer en paix et fiez-vous à moi du soin de châtier sa lâche et déloyale conduite. Vicomte, ce soir un de mes gens vous portera mon défi, l'indication du lieu et de l'heure où nous devrons nous rencontrer.

— Alors, à bientôt, beau défenseur de la beauté ! A bientôt, ma belle fille... Oh, je ne te ferai pas longtemps désirer ma présence, ma toute adorable, dit en souriant le vicomte tout en secouant la poussière qui souillait ses habits, pour se retirer ensuite la tête haute et le mépris sur les lèvres.

— Monsieur le marquis, s'il vous faut un témoin, je suis à vos ordres, disposez de moi, car j'éprouverai un grand plaisir à vous voir tuer ce vicomte maudit, dit Eloi, que le bruit avait attiré comme beaucoup de gens du village.

— Ce n'est peut-être pas de refus, mon ami, répondit de Vardes en présentant amicalement sa main à presser au garçon perruquier.

— Et moi, je veux être votre second, monsieur, fit Lambert, lequel persista dans son offre en dépit du refus du jeune seigneur et des prières de sa femme et de sa fille.

Le lendemain le soleil dorait la cime des arbres de la forêt de Rambouillet et la sixième heure du matin tintait au loin, lorsque trois hommes vinrent s'arrêter dans une des clairières éloignés de toutes grandes routes.

— N'allons pas plus avant, monsieur

le marquis, car c'est bien ici la clairière des glaizes que ce vicomte de Bracieux vous a indiquée dans le cartel qu'il vous a envoyé hier soir, comme étant le lieu où doit se passer votre duel, disait Eloi en déposant sur un tertre une boîte à pistolets.

— C'est un singulier endroit qu'il a choisi là, ce vicomte, comme étant éloigné de toute habitation et secours si l'un de vous deux venait à être blessé dangereusement, observa Lambert.

— Mes amis, la gravité de la querelle qui occasionne ce duel n'admet pas de blessé, mais bien un mort, car il faut absolument que l'un de nous reste sans vie sur cette place.

— Jarni ! quel malheur et comme une pareille affaire va nous donner du tintouin, et nous faire des ennemis, surtout parmi les seigneurs du canton qui ne vont pas manquer d'accuser ma pauvre et innocente fille comme étant la cause de tout cela, observa douloureusement Lambert.

— Aussi, Lambert, ai-je pris à cet égard les précautions nécessaires pour assurer votre repos et celui de Madeleine. Prenez ces papiers et si le malheur veut que ce soit moi qui succombe et qu'on vous tourmente, quittez ce pays, pour vous rendre avec votre femme et votre fille dans celui que je vous indique sous ce pli, et là présentez-vous à la ferme des Tilleuls, où vous trouverez l'aisance, le repos et la sécurité...

Mais monsieur le marquis... interrompit curieusement Lambert.

— Je ne puis vous en dire davantage, Lambert. Si je succombe, alors vous prendrez connaissance des volontés que j'ai tracé sur ce papier et vous agirez en toute sûreté.

— Paroles inutiles que tout cela, vu que vous ne serez pas assez complaisant pour vous laisser tuer pour ce vicomte, qu'on dit être aussi poltron qu'il est maladroit, fit Eloi, aussi, si vous voulez me permettre de vous donner un avis, c'est celui de laisser les pistolets et de choisir l'épée.

— Merci de ce conseil, Eloi, mais c'est le sort qui décidera des armes.

— Surtout frappez bien, ou visez juste, afin que le gueux n'en revienne pas, disait Lambert, assis sur le tertre auprès du marquis, lorsqu'une détonation se fit entendre que Lambert poussa un cri et tomba à la renverse.

— Trahison ! infamie ! s'écria le marquis en se levant vivement, en l'espoir de découvrir l'assassin, tandis qu'Eloi se penchait sur Lambert.

— Monsieur le marquis, inutile de chercher ; votre lâche adversaire vous destinait cette balle et c'est moi qu'il vient de tuer, murmura le pauvre paysan d'une voix mourante.

— Lambert, je vous vengerai, oui, je vous vengerai ! s'écria le marquis d'une voix désespérée, tout en aidant Eloi à découvrir la poitrine du blessé d'où le sang s'échappait abondamment par la profonde blessure qu'avait fait la balle et sur laquelle il s'empressa de poser un mouchoir.

— Eloi, cherchez si dans les environs il n'y auraint pas des gens qui pourraient nous aider à transporter vivement ce malheureux chez lui, où nous pourrions le mieux secourir. Sur cet avis du marquis le jeune homme se mit en recherche et revint quelques minutes après, accompagné de deux bucherons. Un brancard fait à la hâte, et recouvert de feuilles reçut le blessé qui fut ainsi transporté chez lui, accompagné du marquis et d'Eloi. Inutile d'essayer de dépeindre ici l'excès du désespoir de l'épouse et de la fille en recevant un mari, un père qui venait expirer dans leurs bras et auxquelles, en présence des voisins accourus, Lambert désigna le vicomte de Bracieux comme étant son assassin. Le même jour Lambert avait cessé de vivre et dans la soirée le marquis, en se présentant au château de Bracieux, apprenait des gens de la maison que le vicomte était parti pour Paris.

CHAPITRE HUITIÈME.

VIII

Il y avait un mois que les dépouilles mortelles du pauvre Lambert reposaient dans le cimetière du village, lorsqu'un matin, dès l'aube du jour, Madeleine et sa mère quittaient leur chaumière pour gagner pédestrement la route de la forêt dans laquelle elles s'enfoncèrent pour aller gagner par des sentiers détonrnés une route sur laquelle stationnait une carriole d'osier attelée d'un vigoureux cheval que maintenait Éloi.

— Enfin, vous voilà donc ? Pourquoi, contre l'avis de monsieur le Marquis, avoir attendu le jour pour vous mettre en route ? disait Éloi aux deux femmes, tout en les aidant à monter dans la voiture où il se plaça lui-même en qualité de conducteur.

— Éloi, ne voyez-vous pas en quel état de faiblesse est ma pauvre mère ? Ce matin, en la voyant si pâle et si souffrante, je reculai devant la cruelle tâche de l'arracher du lit où elle sommeillait pour la première fois depuis le jour où nous avons perdu mon père, répondit Madeleine, tout en prenant dans les siennes, afin de les réchauffer, les mains de sa mère que le froid du matin avait glacées.

— Je comprends cela de votre part, Madeleine, et pourtant vous et elle deviez avoir hâte de quitter ce village maudit, où sans pitié pour vos malheurs et excité par les agents de cette méchante demoiselle de Bracieux, chacun se fait un malin plaisir de vous insulter en vous jetant à la face le titre injurieux de la fille aux deux amants.

— Éloi, vous ne croyez pas cela, vous ?

— Non, certes, et je vous proclame la fille la plus sage comme la plus belle.

— Vous êtes un honnête homme et un excellent ami, Éloi.

— Je rends justice à vos qualités, voilà tout. Oh! ce n'est pas une raison parce que vous m'avez rebuté et préféré monsieur le marquis de Vardes pour que je sois injuste à votre égard. Je vous aime toujours, Madeleine, et d'un grand amour encore, mais je conviens que je suis un triste amoureux et qu'un beau et bon seigneur devait l'emporter sur moi dans le cœur d'une belle demoiselle éduquée ainsi que vous, qui franchement ne pouvait se contenter de l'hommage d'un pauvre garçon perruquier et encore moins de l'accepter pour mari.

Ainsi allait la conversation tandis que la voiture roulait et que la mère Lambert, étendue sur la paille, se tenait silencieuse et les yeux fermés.

— Merci, Éloi, de votre générosité,

de l'amitié que vous daignez avoir pour moi... Mais regardez donc, mon ami, comme ma pauvre mère semble souffrir...

— Cela ne sera rien, Madeleine, n'ayez garde de vous affliger : un peu de repos, de contentement, et la santé reviendra.

La carriole, qui roulait depuis près de deux heures, avait atteint le territoire de Dampierre, où elle fut s'arrêter dans la cour d'une petite maison isolée située à un quart de lieue du bourg sur une route communale, demeure dans laquelle nos voyageurs furent reçus par le marquis de Vardes, qui les avait précédés et attendait leur arrivée avec la plus vive impatience. De Vardes s'empressa d'offrir sa main à Madeleine pour l'aider à descendre de voiture, puis ensuite, il seconda l'ami Éloi pour sortir la mère Lambert de la carriole, et la conduire dans l'intérieur de la maison, où elle fut déposée sur un canapé.

Cette demeure que venaient habiter

la mère et la fille, quoique de modeste apparence au dehors, était à l'intérieur pourvue de tout le confortable nécessaire et, même à la commodité, il s'y joignait une certaine élégance.

— Madeleine, cette maison vous appartient, elle est celle que je vous offre en échange de la chaumière et des quelques morceaux de terre que vous possédiez dans votre village : ici, rien ne vous manquera et vous y vivrez heureuse, ignorée avec votre mère, jusqu'au jour où il me sera permis de vous offrir une position plus digne de vous. Une jeune servante, dont la discrétion et la fidélité me sont connues, vous obéira aveuglément ; quant aux gens qu'il vous convient de recevoir, je pense que jusqu'à nouvel ordre, notre ami Éloi est le seul que la prudence vous permet d'accueillir. Répondez, Madeleine, dites si tout cela vous convient, si vous êtes satisfaite.

— Je le suis, monsieur, et même au-delà de mes désirs et de mon attente, mais vous me permettrez sans doute de vous faire observer qu'il ne suffit pas pour exister de posséder une maison, et tout élégante que soit celle-ci, l'argent est nécessaire pour y vivre, et que ma mère ainsi que moi nous en possédons fort peu.

— Que cela ne vous inquiète aucunement, Madeleine, reprit vivement le marquis.

— Je sais, monsieur, que de votre générosité nous pouvons tout attendre, mais je sais aussi qu'il y aurait de la bassesse de notre part à n'exister que de vos bienfaits, et notre conscience, et le monde peut-être, auraient alors le droit de nous demander à quel titre.

— Je comprends vos nobles scrupules, Madeleine, et pour vous tranquilliser entièrement, je vous apprendrai que le roi, à qui j'ai appris la mort funeste et prompte de votre père, puis dépeint votre triste position, consent à vous payer sur sa propre cassette une pension de mille livres et qu'il m'a chargé de vous remettre de sa part cette bourse qui renferme le montant de la première année, dit de Vardes en déposant ladite bourse sur une table.

— Hélas ! qu'ai-je donc fait au roi pour mériter qu'il s'intéresse autant à ma personne ? demanda Madeleine avec surprise.

— Il a suffi à Sa Majesté de vous avoir vu et entendu une seule fois, Madeleine, pour qu'elle ait deviné en vous un ange de perfection et de beauté. Vivez donc heureuse et sans scrupule de ses bienfaits, car ce que donne un roi à ses sujets est le don d'un père à ses enfants, répliqua le marquis avec un accent de vérité qui persuada et tranquillisa entièrement la jeune fille;

Les choses étant ainsi réglées, le marquis engagea Madeleine ainsi que Éloi à venir prendre connaissance des êtres de la maison, tandis que la mère Lambert reposait paisiblement dans le fauteuil sur lequel elle s'était endormie.

Cette maison se composait d'un rez-de-chaussée et d'un seul étage, le tout situé au milieu d'un jardin entouré de murs.

Une jeune fille de dix-huit à vingt ans,

d'un physique honnête et agréable, vint faire une belle révérence à Madeleine et se mettre tout à ses ordres en lui promettant de la servir avec zèle et fidélité.

— Comment vous nommez-vous, chère fille ? demanda Madeleine.

— Jeannette, pour vous servir, mamzelle.

— Eh bien, Jeannette, soyez la bien-venue auprès de ma mère et de moi, répondit Madeleine à la jeune servante en lui présentant la main que cette dernière s'empressa de porter à ses lèvres.

Après être resté la journée entière avec Madeleine, le marquis ainsi que Éloi prirent congé des deux femmes, le premier pour retourner à cheval au château de son oncle, situé à deux lieues de distance, et le perruquier pour remonter en carriole et s'en retourner à son village.

Madeleine, aussitôt qu'elle se vit seule et libre, s'empressa, aidée de Jeannette, de s'occuper de sa mère, de lui prodiguer tous les soins qu'exigeait le position maladive de la pauvre femme qui, inconsolable de la perte de son mari, se sentait plus faible de jour en jour et ne voyait pas sans crainte approcher sa fin en pensant à sa fille bien-aimée, qu'elle allait laisser, seule et sans défense, exposée à tous les dangers de la séduction et de la perfidie des hommes.

FIN DU PREMIER VOLUME.

Argenteuil. — Imp. de Worms et Cie.

Avis aux personnes qui veulent monter un Cabinet de Lecture.

BIBLIOTHÈQUE
DES
MEILLEURS ROMANS MODERNES
1,300 vol. environ, format in-8°. — Prix : 2,000 fr.

Cette collection contient les NOUVEAUTÉS de nos auteurs les plus en vogue publiées jusqu'à ce jour par la maison, lesquelles sont accompagnées d'affiches à gravure et autres.

Les Libraires qui feront cette acquisition recevront **GRATIS** *cent exemplaires du Catalogue* complet et détaillé *avec une couverture imprimée à leur nom* pour être distribués à leurs abonnés.

La Maison traite de gré à gré pour un nombre moins considérable de volumes à des conditions très-avantageuses. Grandes facilités de payement moyennant les renseignements d'usage. Le Catalogue se distribue gratis aux personnes qui en feront la demande par lettres affranchies.

Paris. — Imp. P.-A. BOURDIER et Cⁱᵉ, rue Mazarine, 30.

www.ingramcontent.com/pod-product-compliance
Lightning Source LLC
Chambersburg PA
CBHW060646170426
43199CB00012B/1685